汽车发动机维修

入门到精通 全图解

于海东　主编

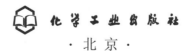

化学工业出版社
·北京·

图书在版编目（CIP）数据

汽车发动机维修入门到精通全图解/于海东主编.—北京：化学工业出版社，2018.3
ISBN 978-7-122-31383-6

Ⅰ.①汽… Ⅱ.①于… Ⅲ.①汽车-发动机-车辆修理-图解 Ⅳ.①U472.43-64

中国版本图书馆CIP数据核字（2018）第012223号

责任编辑：周　红	文字编辑：陈　喆
责任校对：王　静	装帧设计：王晓宇

出版发行：化学工业出版社（北京市东城区青年湖南街13号　邮政编码100011）
印　　装：三河市延风印装有限公司
710mm×1000mm　1/16　印张14¼　字数272千字　2018年5月北京第1版第1次印刷

购书咨询：010-64518888（传真：010-64519686）　售后服务：010-64518899
网　　址：http://www.cip.com.cn
凡购买本书，如有缺损质量问题，本社销售中心负责调换。

定　价：59.00元　　　　　　　　　　　　　　　　　　版权所有　违者必究

前言

随着我国经济社会持续快速发展，机动车保有量保持较快增长。

汽车后市场维修服务行业前景广阔。汽车维修技术人员特别是初学汽车维修的人员迫切需要深入了解汽车结构特点、维修方法以及维修经验，从而在竞争日益激烈的环境中立于不败之地。汽车发动机是汽车的核心部件，掌握其结构、原理及维修方法和经验，对维修工来说至关重要。为此我们特编写了此书。

本书从发动机拆装工具及发动机基本组成入手，再到发动机的基本保养、就车维修以及简单器件更换，最后介绍发动机大修及各系统故障检查及排除。在车型选择方面，基本保养、就车维修以及简单器件更换部分以目前市场上保有量较大的大众EA888发动机为例，考虑到发动机大修方面初学人员可能没有条件进行此发动机的拆装，所以将配气机构、曲柄连杆拆装以及点火系统、燃油供给系统更换为更容易接触到的国产自主车型。

本书语言精练，以图为主，内容丰富，实用性强，既可供初学汽车维修技术的维修人员使用，也可供广大汽车爱好者、驾驶人员以及大中专院校有关专业的师生阅读和参考。

本书由于海东主编，参加编写的还有邓家明、廖苏旦、罗文添、邓晓蓉、陈海波、刘青山、杨廷银、王世根、张捷辉、谭强、谭敦才、李杰、于梦莎、邓冬梅、邢磊、廖锦胜、李颖欣、李娟、曾伟、黄峰、何伯中、李德峰、杨莉、李凡。

由于笔者水平有限，加之时间仓促，书中难免存在不足之处，敬请广大读者朋友批评指正。

编者

目录

第1部分 汽车发动机基本原理 /1

第1章 发动机拆装检测常用工量具 /1
1.1 发动机拆装常用工具 /1
1.2 发动机检测常用量具 /8

第2章 汽车发动机维修基础 /14
2.1 汽车发动机的类型 /14
2.2 汽车发动机的基本组成 /17
2.3 汽车发动机的基本原理 /19

第3章 发动机的机械结构 /24
3.1 机体组与曲柄连杆机构 /24
3.2 配气机构 /28
3.3 燃油供给系统 /29
3.4 润滑系统 /30
3.5 冷却系统 /32
3.6 点火系统 /34
3.7 启动系统 /37

第2部分 汽车发动机的保养、就车维修及简单器件的更换 /39

第4章 发动机的例行检查与常规保养 /39
4.1 发动机的例行检查 /39
4.2 发动机的常规保养 /40

第5章 汽车发动机就车维修及简单器件更换 /47
5.1 简单零部件拆装与更换 /47
5.2 简单总成拆装与更换及常见故障案例 /60

第6章 发动机传感器的拆装及更换 /84
6.1 发动机传感器概述 /84
6.2 发动机主要传感器的拆装（以迈腾 B8L/高尔夫 A7 第三代 EA888 1.8/2.0TFSI 发动机为例） /84

第3部分 汽车发动机的拆装与维修 /107

第7章 发动机的吊卸与安装 /107

7.1 发动机的吊卸 / 107

7.2 脱开发动机和 7 挡双离合器变速器 / 116

7.3 安装发动机和变速器 / 117

第 8 章 发动机配气与曲柄连杆机构的维修 / 119

8.1 配气机构的检修（本部分以东风风神 S30 汽车发动机为例） / 119

8.2 曲柄连杆机构的维修 / 128

8.3 曲柄连杆机构常见故障的排除 / 135

第 9 章 发动机润滑、冷却系统的维修 / 142

9.1 发动机润滑系统的维修 / 142

9.2 发动机润滑系统常见故障的排除 / 146

9.3 冷却系统的维修 / 147

9.4 冷却系统常见故障的排除 / 154

第 10 章 发动机点火系统的维修 / 162

10.1 点火系统概述及零部件位置图 / 162

10.2 点火系统零部件的拆卸 / 164

10.3 点火系统常见故障的诊断（以吉利帝豪 EC7 为例） / 165

第 11 章 发动机燃油供给系统的维修 / 170

11.1 燃油供给系统概述 / 170

11.2 燃油供给系统部件的拆装 / 175

11.3 燃油供给系统常见故障的诊断 / 181

第 12 章 发动机控制系统的维修 / 188

12.1 发动机控制系统的组成与功能 / 188

12.2 传感器与执行器的原理与检测 / 189

12.3 发动机控制系统常见故障的排除 / 206

第 13 章 发动机排气系统 / 215

13.1 排气系统的组成与工作原理 / 215

13.2 排气系统的部件位置 / 215

13.3 排气系统部件的拆卸与更换 / 216

13.4 排气系统常见故障的排除 / 221

第1部分 汽车发动机基本原理

第1章 发动机拆装检测常用工量具

在发动机的拆装检测和维修中经常会用到各种类型的工具和量具。工具有扳手、钳子、螺钉旋具、锤子以及大型的举升机等。量具有塞尺（薄厚规）、千分尺、百分表、游标卡尺等。

1.1 发动机拆装常用工具

[1] 扳手

扳手是汽车拆装过程中普遍使用的工具之一，并且种类繁多，常见的类型有活扳手、呆扳手、梅花扳手、两用扳手、套筒扳手、扭力扳手和内六角扳手等，如表1-1所示。

表1-1 常见的扳手

名称	简介	图示
活扳手	活扳手的开口宽度可在一定尺寸范围内进行调节,能拧紧或松开不同规格的外六角头、方头螺栓或螺母。活扳手规格以扳手长度和最大开口宽度表示。活扳手如图1-1所示	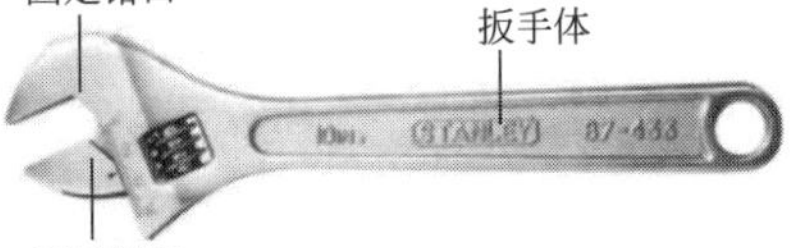 图1-1 活扳手

续表

名称	简　介	图　示
活扳手	活扳手在使用时，要正确选用其规格，让固定钳口受主要作用力，如图1-2所示。扳手长度不可任意加大，以免拧紧力太大而损坏扳手、螺栓或螺母。在汽车维修中，尽量不要使用活扳手，因其对螺母容易造成圆角	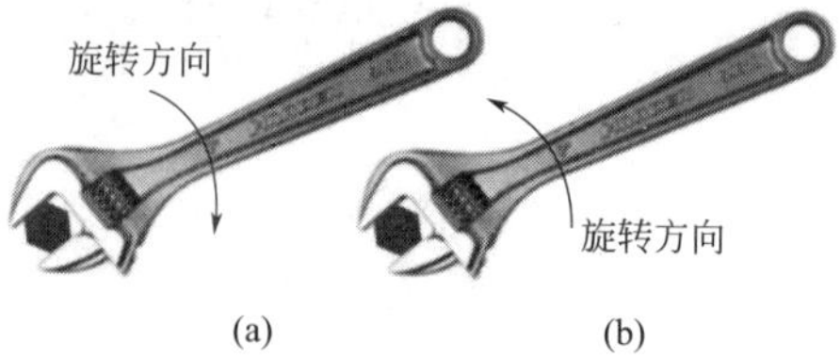 图1-2　活扳手的用法
呆扳手	呆扳手一端或两端制有固定尺寸的开口，用以拧转固定尺寸的螺栓或螺母，如图1-3所示。呆扳手的规格是以钳口开口的宽度来表示的，每把双头呆扳手只适用于两种尺寸的外六角头、方头螺栓或螺母	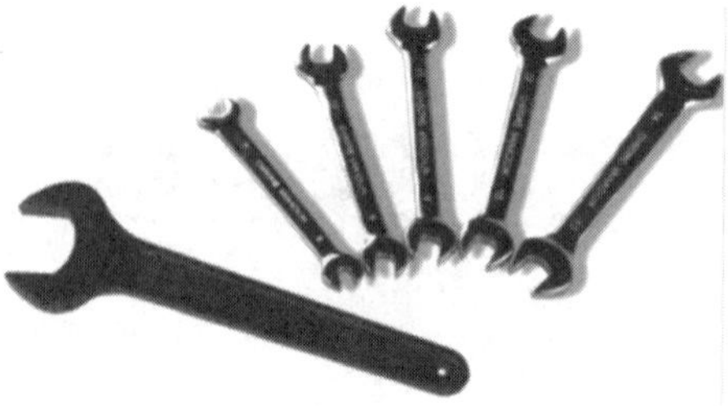 图1-3　呆扳手
梅花扳手	梅花扳手两端具有带六角孔或十二角孔的工作端，如图1-4所示。梅花扳手适用于工作空间狭小、不能使用普通扳手的场合	 图1-4　梅花扳手
两用扳手	两用扳手的一端与单头呆扳手相同，另一端与梅花扳手相同，两端拧转相同规格的外六角头、方头螺栓或螺母，如图1-5所示	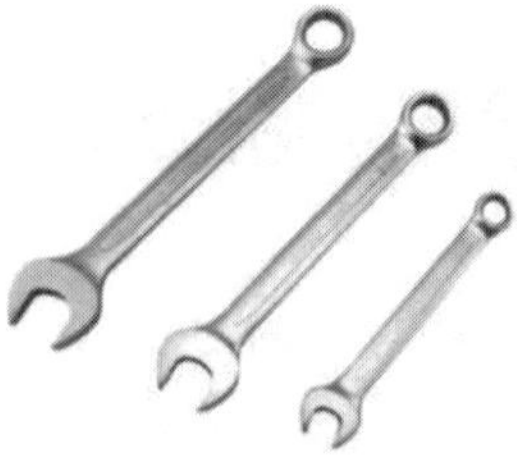 图1-5　两用扳手

第 1 章　发动机拆装检测常用工量具

续表

名称	简　介	图　示
套筒扳手	套筒扳手由多个带六角孔或十二角孔的套筒以及手柄、接杆等多种附件组成,如图 1-6 所示。套筒扳手特别适用于拧转地方十分狭小或凹陷于很深处的外六角头、方头螺栓或螺母。套筒的规格按标准螺纹规格划分。套筒扳手在维修作业中具有快速、高效的优点,所以在汽车维修中套筒扳手是使用频率最高的工具	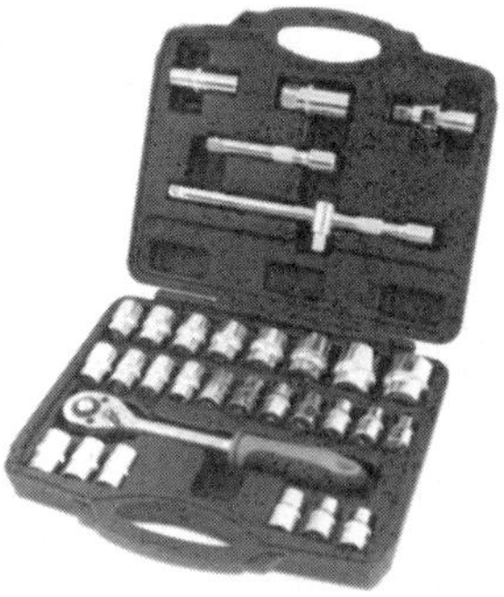 图 1-6　套筒扳手
扭力扳手	扭力扳手在拧转螺栓或螺母时,能显示出所施加的拧紧力矩;或者当施加的拧紧力矩到达规定值后,会发出光或声响信号。扭力扳手如图 1-7 所示。扭力扳手适用于对拧紧力矩大小有明确规定的装配工作	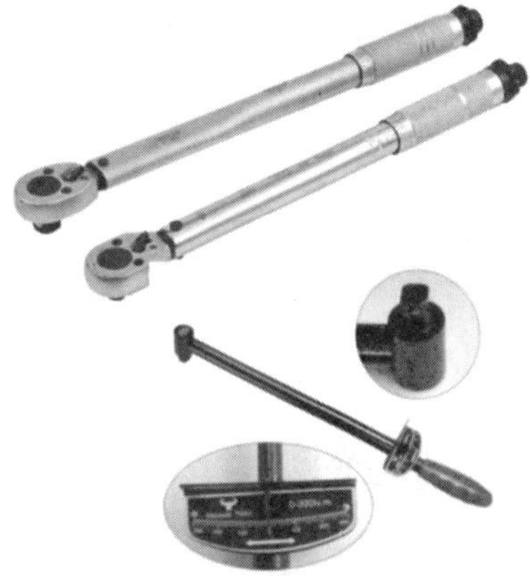 图 1-7　扭力扳手
内六角扳手	内六角扳手是成 L 形的六角棒状扳手,专用于拧转内六角螺钉,如图 1-8 所示。内六角扳手的型号是按照六方的对边尺寸进行规定的,螺栓的尺寸遵循国家标准	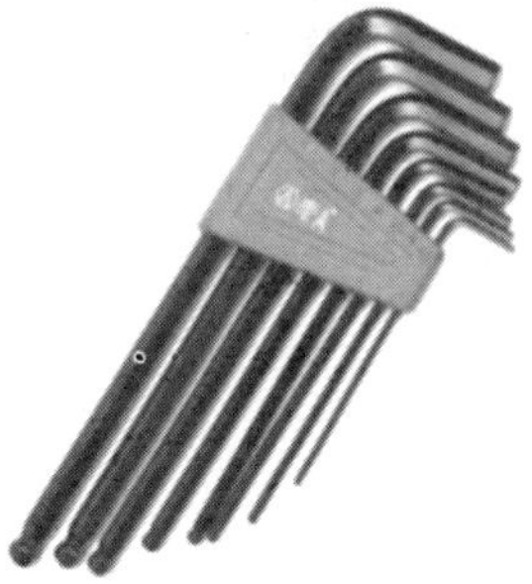 图 1-8　内六角扳手

(2) 螺钉旋具

　　螺钉旋具俗称螺丝刀,主要用于拆装螺钉。常用的旋具是一字螺钉旋具和十

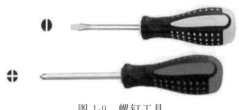

图 1-9 螺钉工具

字槽螺钉旋具,如图 1-9 所示。一字螺钉旋具又称一字起子、平口改锥,用于旋紧或松开头部带一字槽的螺钉,一般工作部分用碳素工具钢制成,并经淬火处理。其规格以刀体部分的长度表示,常用的规格有 100mm、150mm、200mm 和 300mm 等几种。使用时,应根据螺钉沟槽的宽度选用相应的规格。十字槽螺钉旋具又称十字形起子、十字改锥,用于旋紧或松开头部带十字沟槽的螺钉,材料和规格与一字螺钉旋具相同。

使用方法及注意事项:使用尺寸合适的螺丝刀,与螺钉的槽大小合适;保持螺丝刀与螺钉尾端成直线,边用力边转动;切勿用鲤鱼钳或其他工具过度施加扭矩,这可能会刮削螺钉的凹槽或损坏螺丝刀尖头。

(3) 钳子

钳子,是一种用于夹持、固定加工工件或者扭转、弯曲、剪断金属丝线的手工工具。钳子的外形呈 V 形,通常包括手柄、钳腮和钳嘴三个部分。钳子多用来弯曲或安装小零件、剪断导线或螺栓等。钳子有很多类型和规格。维修中常用到的钳子如表 1-2 所示。

表 1-2 维修中常用到的钳子

名称	简介	图示
鲤鱼钳	鲤鱼钳钳头的前部是平口细齿,适用于夹持一般小零件;中部凹口粗长,用于夹持圆柱形零件,也可以代替扳手旋小螺栓、小螺母;钳口后部的刃口可剪切金属丝,如图 1-10 所示。由于一片钳体上有两个互相贯通的孔,又有一个特殊的销子,因此操作时钳口的张开度可很方便地变化,以适应夹持不同大小的零件,是汽车维修作业中使用最多的手钳。其规格以钳长来表示,一般有 165mm、200mm 两种,用 50 钢制造	图 1-10 鲤鱼钳
钢丝钳	钢丝钳的用途和鲤鱼钳相仿,但其支销相对于两片钳体是固定的,故使用时不如鲤鱼钳灵活,但剪断金属丝的效果比鲤鱼钳要好,规格有 150mm、175mm、200mm 三种,如图 1-11 所示	图 1-11 钢丝钳

续表

名称	简介	图示
尖嘴钳和弯嘴钳	尖嘴钳和弯嘴钳,因其头部细长,所以能在较小的空间内工作,带刃口的能剪切细小零件,使用时不能用力太大,否则钳口头部会变形或断裂。其规格以全长来表示,常有125mm、150mm、175mm三种,分别如图1-12和图1-13所示	 图1-12 尖嘴钳 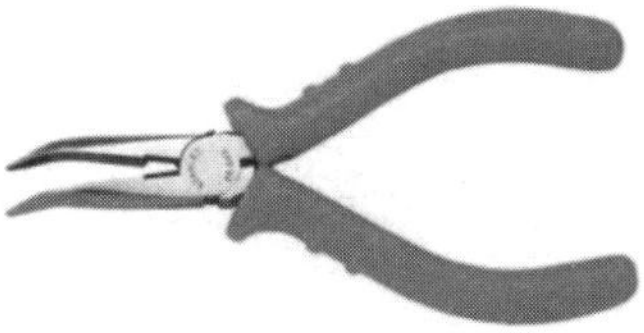 图1-13 弯嘴钳
挡圈钳	挡圈钳用于拆装弹性挡圈,分为孔用(图1-14)和轴用(图1-15)两种,每一种又可分为直嘴式和弯嘴式。汽车维修保养作业中用的较多的是175mm。轴用挡圈钳和孔用挡圈钳的主要区别为:轴用挡圈钳是拆装轴用弹簧挡圈的专用工具,手把握紧时,其钳口是张开的;孔用挡圈钳是拆装孔用弹簧挡圈用的,手把握紧时,其钳口是闭合的	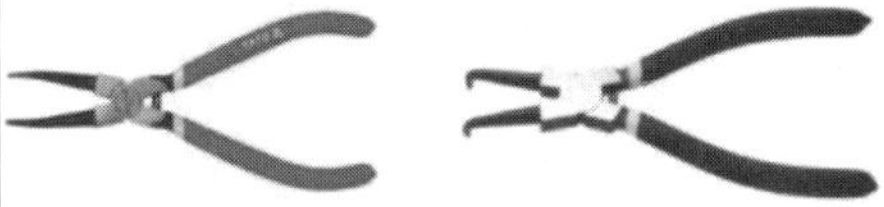 (a) 直嘴式　　(b) 弯嘴式 图1-14 孔用挡圈钳  (a) 直嘴式　　(b) 弯嘴式 图1-15 轴用挡圈钳

(4) 锤子

汽车维修中常用锤子有手锤、木锤和橡胶锤,如图1-16所示。手锤通常由工具钢制成,规格按锤头质量划分,汽车维修中最常用的是圆头手锤。使用时应使锤头安装牢靠,手握锤柄末端,用锤头正面击打物体。木锤和橡胶锤主要用于击打零件加工表面,以保护零件不被损坏。

(5) 发动机拆装专用工具

在进行发动机的某些部位拆装作业时经常会用到部分专用工具,以方便拆装,如活塞环拆装钳、活塞安装专用工具、气门拆装钳、机油滤清器拆装工具等。表1-3所示为部分通用型专用工具。

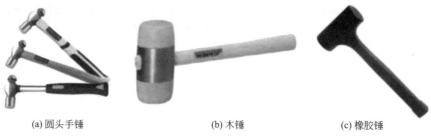

(a) 圆头手锤　　　　　　(b) 木锤　　　　　　(c) 橡胶锤

图 1-16　汽车维修中常用的锤子

表 1-3　发动机拆装专用工具（部分）

名称	简介	图示
活塞环拆装钳	活塞环拆装钳是用于拆装活塞环的专用工具。使用时应将活塞环拆装钳上的环卡卡在活塞环的开口上，轻握手柄慢慢收缩使活塞环张开，以便拆装，如图1-17所示	图 1-17　活塞环拆装钳
活塞安装工具	安装活塞时，用于压缩活塞环，以便活塞装入气缸内，如图1-18所示	图 1-18　活塞安装工具
气门拆装钳	气门拆装钳是用于拆装气门的专用工具，如图1-19所示。在使用手柄式气门拆装钳拆装气门时，将气门拆装钳托架抵住气门，压环对正气门弹簧座，压下手柄即可使气门弹簧压缩，然后取出气门弹簧锁止零件，再慢慢放松手柄，便能很容易地取下气门弹簧和气门等。在使用手柄式气门拆装钳拆装气门时，需旋转手柄，才能取出气门弹簧锁止零件、气门弹簧和气门等零件	图 1-19　气门拆装钳

第1章 发动机拆装检测常用工量具

续表

名称	简 介	图 示
机油滤清器拆装专用工具	发动机机油滤清器拆装专用工具,专门用于拆装发动机机油滤清器。在拆装发动机机油滤清器时,应根据发动机机油滤清器不同的拆装环境选用不同形状的发动机机油滤清器拆装专用工具,如图1-20所示	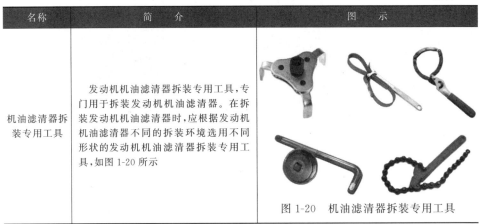 图 1-20 机油滤清器拆装专用工具

(6) 电动和气动扳手

电动扳手是以电源或电池为动力的扳手,是一种拆装螺栓的工具,如图1-21所示。电动扳手主要分为冲击扳手、扭剪扳手、定拧紧力矩扳手、转角扳手、角向扳手、液压扳手和充电式电动扳手。

气动扳手是以压缩空气为动力的扳手,如图1-22所示。空压机输出的压缩空气进入风炮气缸之后带动里面的叶轮转动而产生旋转动力,同时叶轮再带动相连接的打击部位进行类似锤打的运动,在每一次敲击之后,把螺钉拧紧或者拆卸下来。气动扳手是一种既高效又安全的拆装螺栓的气动工具。

图 1-21 电动扳手

图 1-22 气动扳手

(7) 举升机和千斤顶

汽车举升机是用于汽车维修过程中举升汽车的设备,汽车开到举升机工位,通过人工操作可使汽车举升一定的高度,便于汽车的维修,如图1-23所示。举升机在汽车维修及养护中发挥着非常重要的作用，现在的维修厂都配备了举升机，举升机是汽车维修厂的必备设备之一。

(a) 两柱式举升机　　(b) 四柱式举升机　　(c) 剪式举升机

图 1-23　举升机

千斤顶是一种最常用、最简单的起重工具，按照其工作原理可分为机械丝杆式和液压式，如图 1-24 所示。按照所能顶起的质量可分为 3000kg、5000kg 和 9000kg 等多种不同的规格，目前广泛使用的是液压式千斤顶。

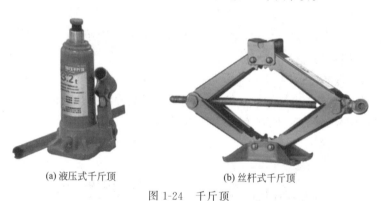

(a) 液压式千斤顶　　(b) 丝杆式千斤顶

图 1-24　千斤顶

1.2　发动机检测常用量具

[1] 厚薄规

厚薄规又称塞尺或间隙片，外观如图 1-25 所示，由多片不同厚度的标准钢片组成，每一片标有一定的厚度值，主要用于检验两个接合面之间的间隙，如气门间隙、曲轴轴向间隙等，如图 1-26 所示。

厚薄规在使用时应注意：

① 使用前，应将厚薄规两个测量面擦拭干净，不得在带有油污或金属屑时测量，否则会影响测量精度。

② 使用时，不允许把厚薄规片硬插到测量面或做剧烈的弯曲，以免损坏厚

第1章 发动机拆装检测常用工量具

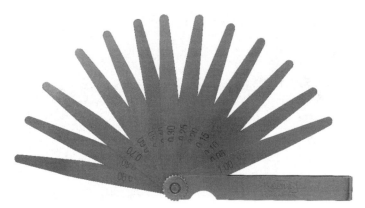

图 1-25 厚薄规

图 1-26 厚薄规的使用

薄规测量面和被测工件表面。

③ 用厚薄规检查与调整时,一边调整,一边拉动厚薄规,若感觉很松,则说明间隙大于厚薄规上标出的值;若感觉很紧,拉动费力,则说明间隙小于标准值。只有当拉动厚薄规感到稍有阻力时,表示该间隙值接近厚薄规上标有的值。

④ 使用后应将厚薄规擦干净,并涂抹机油后折合到夹框内,以防厚薄规锈蚀、弯曲、变形或折断。

(2) 游标卡尺

① 用途和分类　游标卡尺是一种能直接测量工件内外直径、宽度、长度或深度的量具。按照测量功能分类,游标卡尺可分为普通游标卡尺、深度游标卡尺和带表卡尺等;按照测量精度分类,游标卡尺可分为 0.10mm、0.02mm、0.05mm 等几种规格。如图 1-27 所示为 0.02mm 的游标卡尺,它由外测量爪、内测量爪、紧固螺钉、游标、尺身和深度尺组成。

② 读数方法　当图 1-27 所示的游标卡尺上的两个量爪合拢时,副尺上的 50

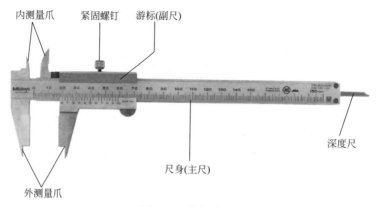

图 1-27 游标卡尺

格刚好与主尺上的 49mm 对正,如图 1-28 所示。主尺上每一个小格是 1mm,则副尺上每一个小格是 49/50=0.98(mm)。因此,主尺与副尺每格之差为 1−49/50=0.02(mm)。此差值即为 1/50mm 游标卡尺的测量精度。

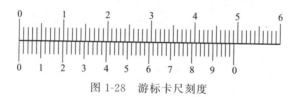

图 1-28 游标卡尺刻度

若一个物体厚 0.02mm,则会出现游标卡尺副尺上的第一条刻度线与主尺上的第一条刻度线对齐的情况。若一个物体厚 0.04mm,则会出现游标卡尺副尺上的第二条刻度线与主尺上的第二条刻度线对齐的情况。以此类推。

游标卡尺的读数方法如下。

a. 读出副尺零线左边与主尺相邻的第一条刻线的整毫米数,为所测尺寸的整数值。

b. 读出副尺上与主尺刻线对齐的那一条刻线所表示的数值,为所测尺寸的小数值。

c. 把整数值和小数值加起来,即为所测零件的尺寸数值。

如图 1-29(a) 所示的游标卡尺读数为 11.36mm;如图 1-29(b) 所示的游标卡尺读数为 15.48mm。

游标卡尺使用注意事项:

a. 使用前,先把量爪和工作测量表面擦干净。

b. 测量工件时,应把量爪张开到大于或小于被测量工件表面尺寸,再慢慢移动副尺,使两个量爪与工件接触。禁止硬拉硬卡,以免损坏游标卡尺和影响测

第1章 发动机拆装检测常用工量具

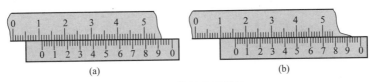

图1-29 游标卡尺读数

量精度。

c.使用后,要擦净游标卡尺,并涂抹适量的工业凡士林后放回盒内保存,盒盖上切勿重压。

(3) 百分表

百分表是一种比较性测量仪表,用来测量工件的偏差大小,检验零件垂直平面和水平面,检测轴的间隙、轴或汽缸的圆度和圆柱度等。如图1-30所示,百分表主要由表盘、表圈、挡帽、转数指示盘、主指针、轴管、测量头和测量杆等组成。

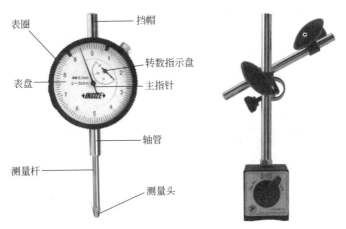

图1-30 百分表及支架

百分表的表盘刻度一般分为100格。测量时,大指针偏转1格表示0.01mm;大指针超过1圈时,小指针偏转1格,表示1mm。指针的偏转量就是被测零件(工件)的实际偏差或间隙值。

百分表使用注意事项:

① 用百分表测量工件时,应用表架(支架)固定,以测量杆端的表头抵住工件被测量表面,并使测量头产生一定的位移(即指针存在一个预偏转值),移动被测量工件,观察百分表表盘上指针的偏转量,该偏转量即是被测量物体的偏差尺寸或间隙值。

② 测量时,测量杆轴线应与被测工件表面垂直,否则会影响测量精度。

③ 百分表用毕,应解除所有负荷,用干净抹布将表面擦拭干净,并在容易生锈的金属表面涂抹一层工业凡士林,然后将百分表水平放置在盒内,盒盖上严禁重压。

(4) 外径千分尺

① 结构 外径千分尺是一种精密量具,它的精度比游标卡尺高。外径千分尺由尺架、砧座、测微螺杆、固定套管、活动套管、微调和偏心锁紧手柄等组成,如图1-31所示。

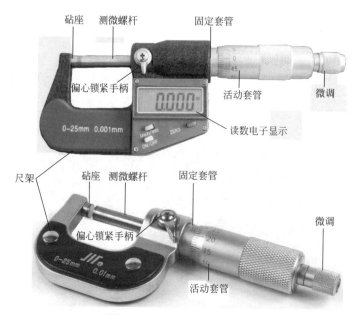

图1-31 外径千分尺的结构

② 读数方法 外径千分尺测微螺杆的螺距是0.5mm,活动套管上共刻有50条刻线,测微螺杆与活动套管连在一起。当活动套管转50格(1周)时,测微螺杆也转1周并移动0.5mm。因此,当活动套管转1格时,测微螺杆移动0.5/50=0.01(mm)。所以,外径千分尺可准确到0.01mm。由于还能再估读一位,因此可读到毫米的千分位。

外径千分尺的读数方法如下。

a.先读出活动套管边缘在固定套管上的毫米数和半毫米数。

b.再根据活动套管上的哪一格与固定套管上的基准线对齐,读出活动套管上不足半毫米的数值。

c.最后将两个读数加起来,其和即为测得的实际尺寸值。

外径千分尺使用注意事项:

a. 测量前，应擦净千分尺砧座表面与工件测量表面。

b. 测量前，应检查校对千分尺有无误差。千分尺误差检查方法是旋转棘轮，当砧座和螺杆端头靠拢时，棘轮会发出咔咔声。活动套筒的前端应与固定套管的零线对齐，同时，活动套筒的零线还应与固定套管的基线对齐。如两线未对齐，则表明千分尺有误差，应进行调整后才能使用。

c. 测量时，千分尺螺杆轴线应与工件中心线垂直或平行，如果歪斜则会影响测量的精度。旋转活动套管使得砧座接近工件测量表面时，改用棘轮，直到棘轮发出咔咔声并打滑时，拧紧制动环，读出测量尺寸。若一次测量不准，可再次按上述方法进行测量，直到准确为止。

d. 使用后，应涂抹适量的工业凡士林后放回盒内保存，盒盖上切勿重压。

(5) 量缸表

量缸表又称内径量表或内径百分表，是一种用于测量孔径的比较性量具。在汽车维修中主要用于测量发动机汽缸和轴承座孔的圆度、圆柱度误差或零件磨损情况。量缸表由百分表、表杆、垫圈和一套长度不等的接杆等组成，如图1-32所示。

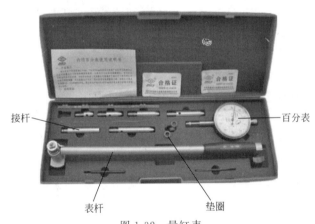

图 1-32　量缸表

量缸表使用注意事项：

① 用一只手拿住表杆上的绝热套，另一只手尽量托住表杆下部，轻轻摆动表杆，使量缸表测杆与气缸轴线垂直，可通过观察表针摆动情况来判断误差或磨损量，当表针指示到最小数值时，即表示测杆已垂直于气缸轴线。

② 量缸表读数方法与百分表相同。

③ 确定工件尺寸。如果表头的大指针正好指在零位，则说明被测工件的孔径（缸径）与其校表尺寸相等；如果表头大指针顺时针方向转离零位，则表示工件尺寸小于标准尺寸，反之则表示大于标准尺寸。通过对不同测量点的测量，即可得到圆度、圆柱度的误差或工件的磨损情况。

第2章 汽车发动机维修基础

2.1 汽车发动机的类型

发动机是汽车的动力源。迄今为止除为数不多的电动汽车外,汽车发动机都是热能动力装置。燃料在发动机内部燃烧产生的热能转变为机械能,因此发动机也称为内燃机。

内燃机具有结构紧凑、体积小、质量轻和容易启动等许多优点。因此,内燃机尤其是活塞式内燃机被广泛地用作汽车动力。

活塞式内燃机可按不同方法进行分类,如表2-1所示。

表2-1 活塞式内燃机分类

分类方法	类别	原理	图示
活塞运动方式	往复活塞式	活塞在气缸内作往复直线运动,如图2-1所示	 图2-1 往复活塞式内燃机
	旋转活塞式	活塞在气缸内作旋转运动,如图2-2所示	 图2-2 旋转活塞式内燃机

续表

分类方法	类别	原理	图示
所用燃料	汽油机	以汽油为燃料的活塞式内燃机	
	柴油机	以柴油为燃料的活塞式内燃机	
	气体燃料发动机	使用天然气、液化石油气和其他气体燃料的活塞式内燃机	
冷却方式	水冷式	以水或冷却液为冷却介质的内燃机，如图2-3所示	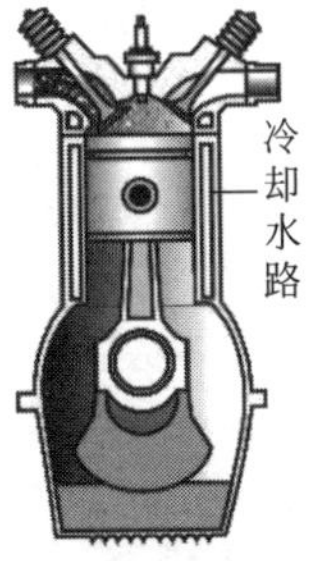 图2-3 水冷式
	风冷式	以空气为冷却介质的内燃机，如图2-4所示	 图2-4 风冷式
工作循环	四冲程式	在一个工作循环中活塞往复四个行程的内燃机称作四冲程往复活塞式内燃机，如图2-5所示	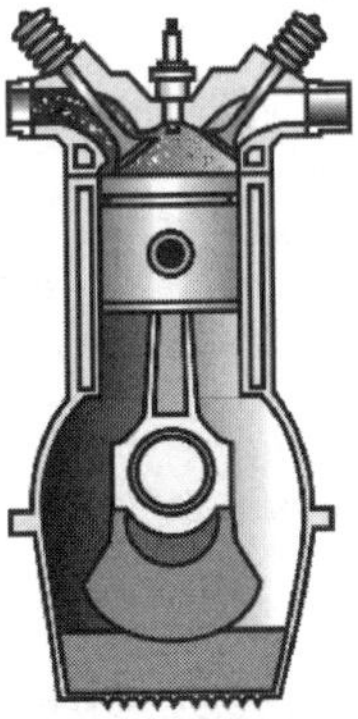 图2-5 四冲程式

续表

分类方法	类别	原理	图示
工作循环	两冲程式	活塞往复两个行程完成一个工作循环的称作两冲程往复活塞式内燃机,如图2-6所示	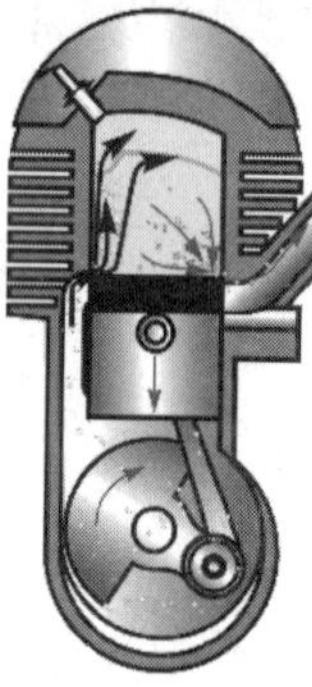 图2-6 两冲程式
进气方式	自然吸气式	进气是在接近大气状态下进行的,则为非增压内燃机或自然吸气式内燃机,如图2-7所示	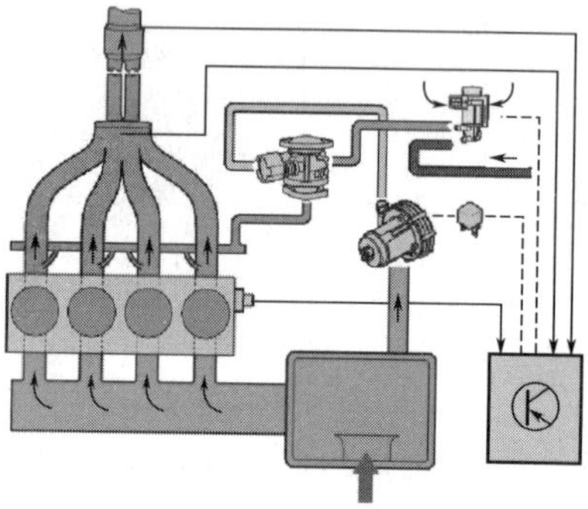 图2-7 自然吸气式(无增压)
	增压式	利用增压器将进气压力增高、进气密度增大的,则为增压内燃机。增压可以提高内燃机的功率,如图2-8所示	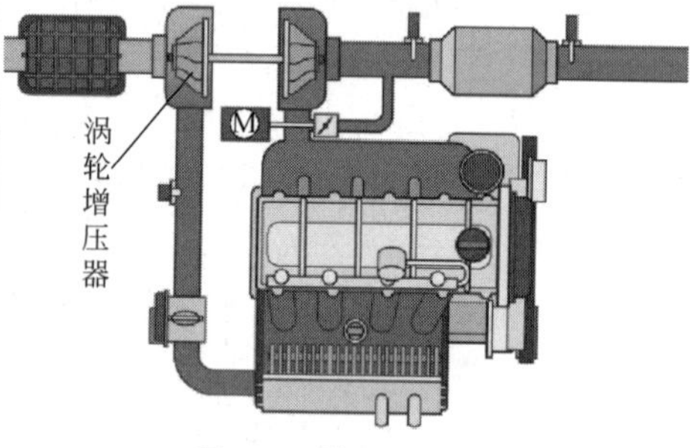 图2-8 增压发动机

目前,应用最广、数量最多的汽车发动机为水冷、四冲程往复活塞式内燃机。汽油机用于轿车和轻型客货车上,而柴油机一般用在大客车和中、重型货车

上。风冷式两冲程汽油机在部分摩托车上还在使用。

2.2 汽车发动机的基本组成

汽油发动机可分为两机构、五系统。相比汽油机,柴油机由于采用压燃的方式,因此缺少了点火系统。这里以汽油发动机为例介绍两机构、五系统。汽油发动机的基本组成如表2-2所示。

表2-2 发动机的基本组成

分类	名称	作用	图示
两机构	曲柄连杆机构	曲柄连杆机构是发动机的主要运动机构,其功用是将活塞的往复运动转变为曲轴的旋转运动,同时将作用于活塞上的力转变为曲轴对外输出的转矩,以驱动车轮转动,如图2-9所示	 图2-9 曲柄连杆机构
	配气机构	气门式配气机构是按照发动机的工作顺序和工作循环的要求,定时开启和关闭各缸的进、排气门,使新鲜空气进入气缸、废气排出气缸,如图2-10所示	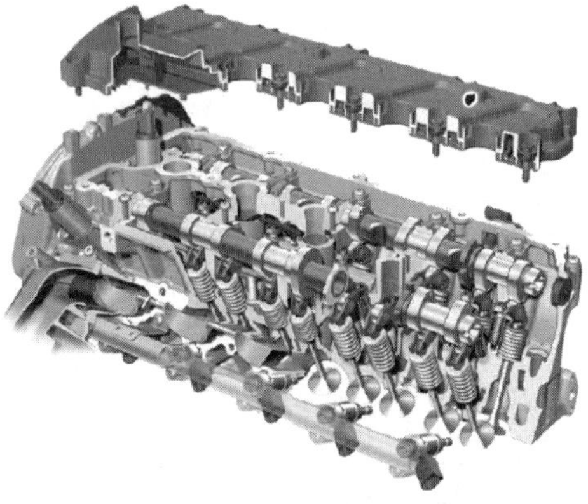 图2-10 配气机构

续表

分类	名称	作用	图示
五系统	冷却系统	使发动机在所有工况下都保持在适当的温度范围内。既要防止发动机过热,还要保证发动机迅速升温,尽快达到正常的工作温度,如图 2-11 所示	 图 2-11 冷却系统
	润滑系统	在发动机工作时连续不断地把数量足够、温度适宜的清洁机油输送到全部传动件的摩擦表面,并在摩擦表面之间形成油膜,实现液体摩擦,从而减小摩擦阻力,降低功率消耗,减轻机件磨损,以达到提高发动机工作可靠性和耐久性的目的,如图 2-12 所示	 图 2-12 润滑系统
	燃油供给系统	根据发动机运转工况的需要,向发动机提供一定数量的、清洁的、雾化良好的汽油,以便与一定数量的空气混合形成可燃混合气。同时燃油系统还要储存一定数量的汽油,以保证汽油发动机有相当远的续驶里程,如图 2-13 所示	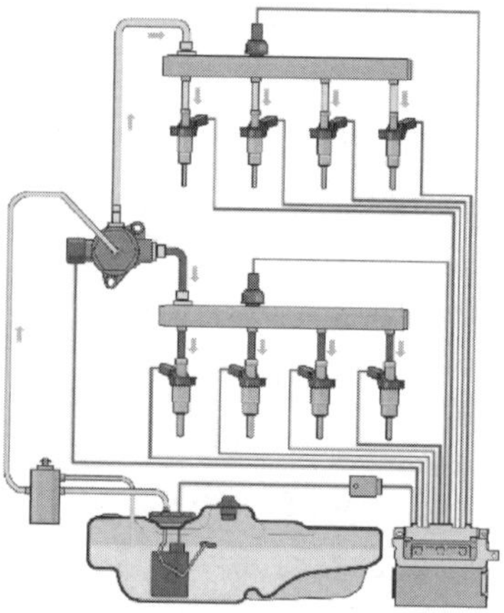 图 2-13 燃油供给系统

续表

分类	名称	作用	图示
五系统	点火系统	在发动机各工况和使用条件下,适时、准确、可靠地产生电火花,以点燃可燃混合气,使发动机做功,如图2-14所示	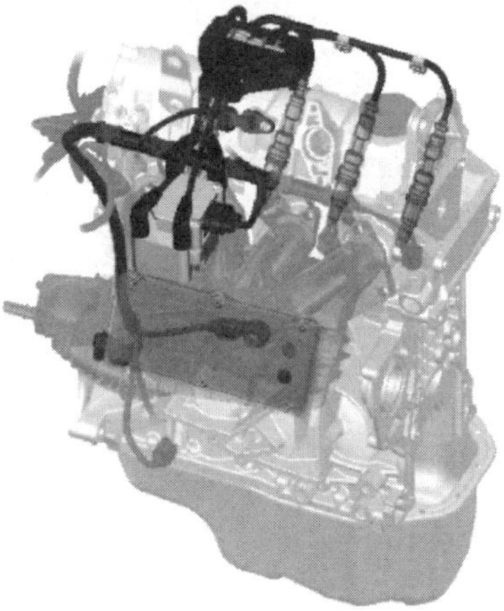 图2-14 点火系统
	启动系统	在正常行驶条件下,通过起动机将蓄电池的电能转变为机械能带动发动机以足够高的转速运转,以顺利启动发动机。当发动机进入自运行状态后,启动系统应立即与曲轴分立并停止工作,以防止发动机高速运转时起动机产生很大的离心力致使损坏,如图2-15所示	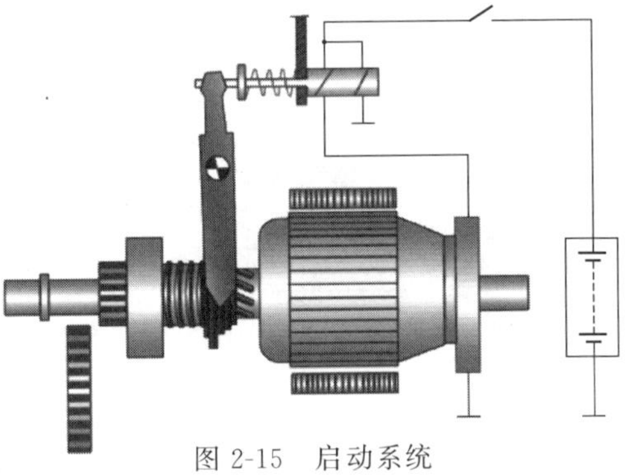 图2-15 启动系统

2.3 汽车发动机的基本原理

[1] 汽车发动机基本术语

汽车发动机基本术语如图2-16、表2-3所示。

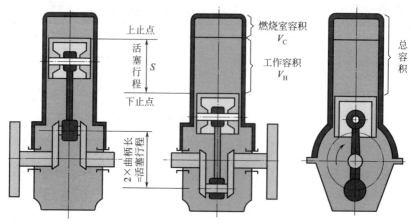

图 2-16 发动机基本术语图示

表 2-3 汽车发动机基本术语

工作循环	由进气、压缩、做功和排气四个工作过程组成的封闭过程
上、下止点	活塞顶离曲轴回转中心最远处为上止点;活塞顶离曲轴回转中心最近处为下止点
活塞行程	上、下止点间的距离 S 称为活塞行程
气缸工作容积	上、下止点间所包容的气缸容积称为气缸工作容积
排量	所有气缸工作容积的总和称为内燃机排量
燃烧室容积	活塞位于上止点时,活塞顶面以上气缸盖底面以下所形成的空间称为燃烧室,其容积称为燃烧室容积,也称压缩容积
气缸总容积	气缸工作容积与燃烧室容积之和为气缸总容积
压缩比	气缸总容积与燃烧室容积之比称为压缩比 压缩比的大小表示活塞在下止点运动到上止点时,气缸内的气体被压缩的程度。压缩比越大,压缩终了时气缸内的气体压力和温度就越高
工况	内燃机在某一时刻的运行状况称为工况,以该时刻内燃机输出的有效功率和曲轴转速表示。曲轴转速即为内燃机转速

(2) 四冲程汽油机的工作原理

四冲程汽油机在活塞四个行程内完成进气、压缩、做功、排气四个过程,即在活塞每一个行程中只有一个过程。因此活塞行程可分别用四个过程命名。四冲程汽油机的工作过程如表 2-4 所示。

第 2 章　汽车发动机维修基础

表 2-4　四冲程汽油机工作过程

行程	原　理	图　示
进气行程	活塞在曲轴的带动下由上止点移至下止点,此时排气门关闭、进气门开启。在活塞移动过程中,气缸容积逐渐增大,气缸内形成一定的真空度。空气和汽油的混合物通过进气门被吸入气缸,并在气缸内进一步混合形成可燃混合气,如图 2-17 所示	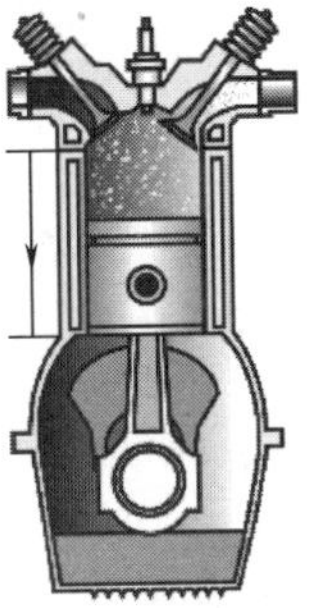 图 2-17　进气行程
压缩行程	进气行程结束后,曲轴继续带动活塞由下止点移至上止点。这时进气门、排气门均关闭。随着活塞的移动和气缸容积的不断缩小,气缸内的可燃混合气体被压缩,其压力和温度同时升高,如图 2-18 所示	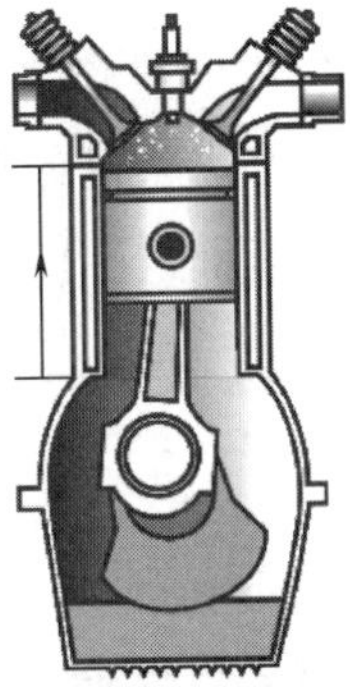 图 2-18　压缩行程
做功行程	压缩行程结束时,气缸盖上的火花塞产生电火花,将气缸内的可燃混合气点燃,火焰迅速传遍整个燃烧室,同时放出大量的热能。燃烧气体的体积急剧膨胀,压力和温度迅速升高,在气体压力的作用下,活塞由上止点移至下止点并通过连杆推动曲轴旋转做功。这时,进、排气门仍旧关闭,如图 2-19 所示	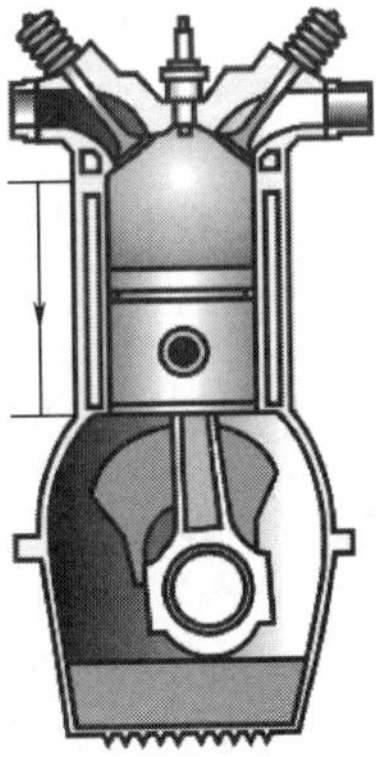 图 2-19　做功行程

续表

行程	原 理	图 示
排气行程	排气行程开始时,排气门开启,进气门仍然关闭,曲轴通过连杆带动活塞由下止点移至上止点,此时膨胀过后的燃烧气体在其自身剩余压力和在活塞的推动下,经排气门排出气缸之外。当活塞到达上止点时,排气行程结束,排气门关闭,如图2-20所示	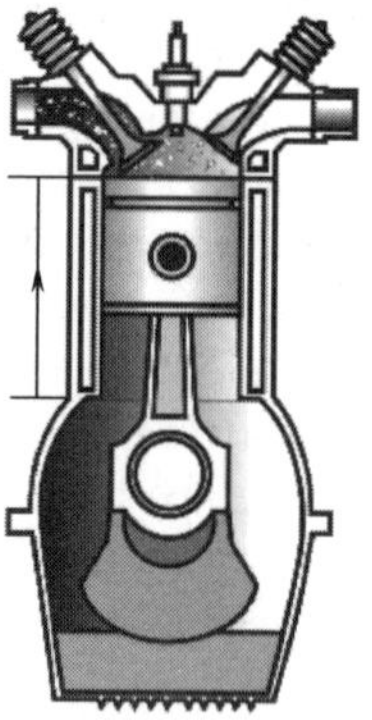 图2-20 排气行程

(3) 四冲程柴油机的工作原理

四冲程柴油机工作循环同样包括进气、压缩、做功、排气四个过程,在各个活塞行程中,进、排气门的开闭和曲柄连杆机构的运动与汽油机完全相同。只是柴油机在发火方式上和汽油机不同,柴油机由于压缩比高可以直接压燃可燃混合气,故而没有火花塞。四冲程汽油机的工作过程如表2-5所示。

表2-5 四冲程柴油机工作过程

行程	原 理	图 示
进气行程	在柴油机进气行程中,被吸入气缸的只是纯净的空气。由于柴油机进气系统的阻力较小,残余废气的温度较低,因此进气行程结束时气缸内气体的压力较高,为0.085~0.095MPa,温度较低,为36~66℃,如图2-21所示	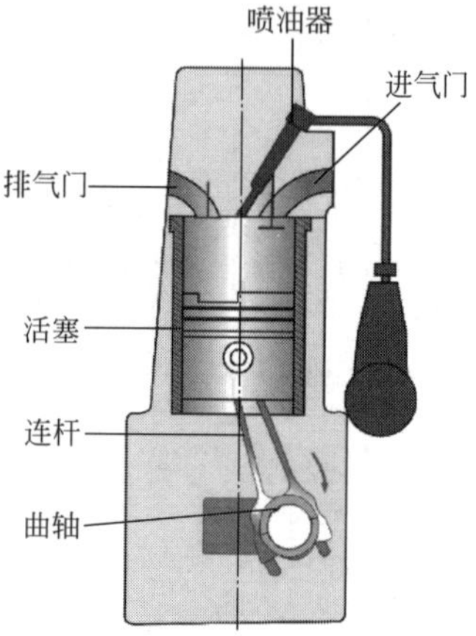 图2-21 进气行程

续表

行程	原　理	图　示
压缩行程	因为柴油机的压缩比大，所以压缩行程终了时气体压力可高达3～5MPa，温度可高达470～720℃，如图2-22所示	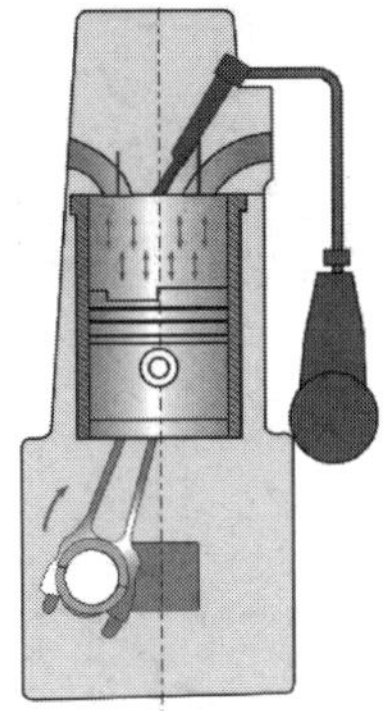 图2-22　压缩行程
做功行程	在压缩行程结束时，喷油泵将柴油泵入喷油器，并通过喷油器喷入燃烧室。因为喷油压力很高，喷油孔直径很小，所以喷出的柴油呈细雾状。细微的油滴在炽热的空气中迅速蒸发汽化，并借助于空气的运动，迅速与空气混合形成可燃混合气。由于气缸内的温度远高于柴油的自燃点，因此柴油随即自行着火燃烧。燃烧气体的压力、温度迅速升高，体积急剧膨胀。在气体压力的作用下，活塞推动连杆、连杆推动曲轴旋转做功 在做功行程中，燃烧气体的最大压力可达6～9MPa，最高温度可达1500～1900℃。做功行程结束时，压力为0.2～0.5MPa，温度为700～900℃，如图2-23所示	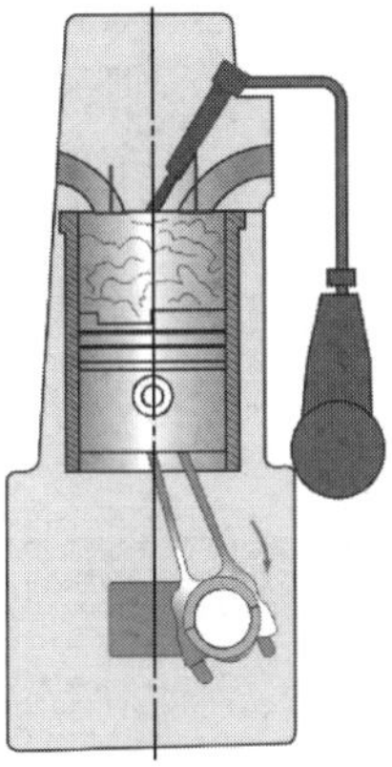 图2-23　做功行程
排气行程	排气终了时气缸内残余废气的压力为0.105～0.120MPa，温度为400～600℃，如图2-24所示	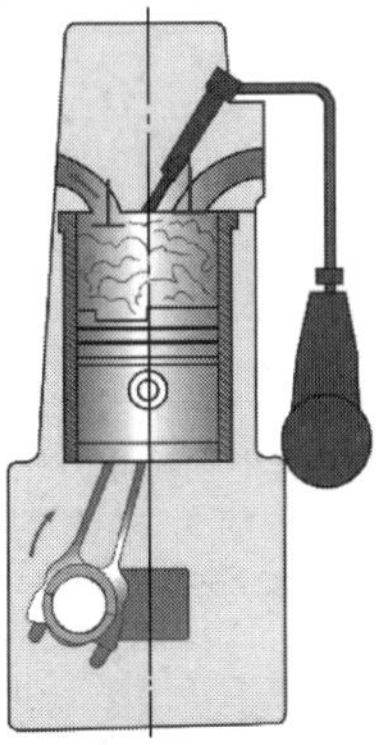 图2-24　排气行程

第3章

发动机的机械结构

3.1 机体组与曲柄连杆机构

[1] 机体组

机体组是发动机的支架,是曲柄连杆机构、配气机构和发动机各系统主要零部件的装配基体。气缸盖用来封闭气缸顶部,并与活塞顶和气缸壁一起形成燃烧室。另外,气缸盖和机体内的水套和油道以及油底壳又分别是冷却系统和润滑系统的组成部分。

发动机机体组主要由机体、气缸盖、气缸盖罩、气缸衬垫、主轴承盖以及油底壳等组成,如表3-1所示。

表3-1 机体组

名称	作用	图示
气缸盖组件	气缸盖一般都由优质灰铸铁或合金铸铁铸造,汽油机则多采用铝合金气缸盖。铝合金的导热性好,有利于提高发动机的压缩比。目前汽车发动机普遍采用铝合金气缸盖,如图3-1所示 气缸盖是结构复杂的箱形零件。其上加工有进、排气门座孔,气门导管孔,火花塞安装孔(汽油机)或喷油器安装孔(柴油机)。在气缸盖内还铸有水套、进排气道和燃烧室或燃烧室的一部分。若凸轮轴安装在气缸盖上,则气缸盖上还加工有凸轮轴承孔或凸轮轴承座及其润滑油道	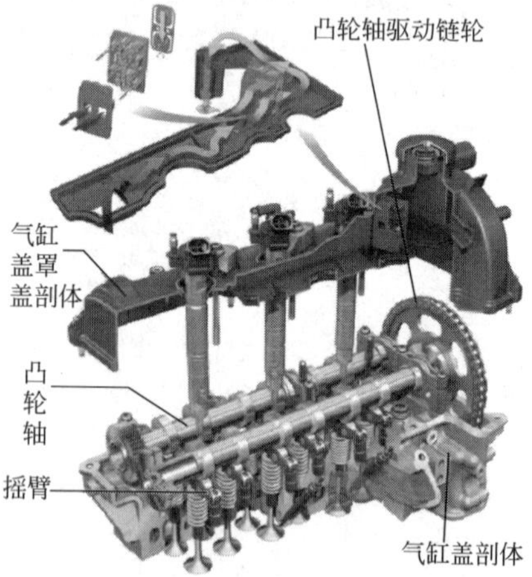 图3-1 气缸盖组件

第 3 章　发动机的机械结构

续表

名称	作　用	图　示
机体组件	机体一般用高强度灰铸铁或铝合金铸造。最近，在轿车发动机上采用铝合金机体的情况越来越普遍。与铸铁机体相比,铝合金机体有下列优点 ① 全铝机体与铝活塞的热膨胀系数相同,因此活塞与气缸的间隙可以控制到最小,从而可以降低噪声和机油消耗量 ② 由于铝合金的导热性很好,因此采用全铝机体可以提高压缩比,有利于提高发动机的功率 ③ 铝合金机体质量轻,有利于前置发动机前轮驱动的轿车前后轮载荷的合理分配 ④ 由于铝合金机体的散热性能好,可以减少冷却液容量,减小散热器尺寸,使整个发动机轻量化 铝合金机体的缺点是成本高 机体组件如图 3-2 所示	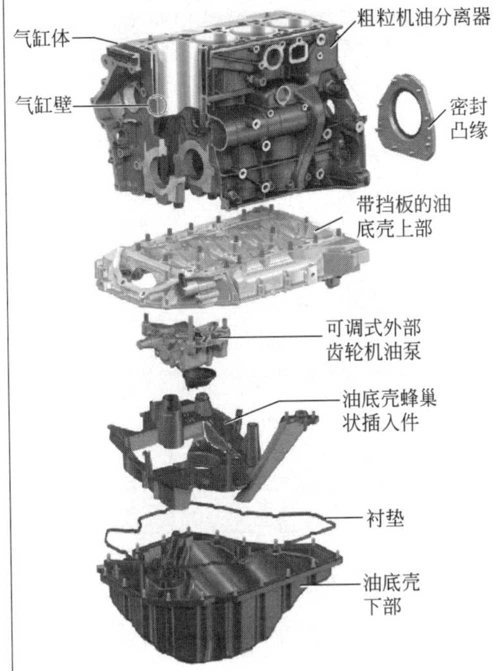 图 3-2　机体组件
机体构造与气缸排列形式	机体是结构极为复杂的箱形零件,其大部分壁厚均为铸造工艺许用的最小壁厚。在机体的前后壁和气缸之间横隔板上铸有支撑曲轴的主轴承座或主轴承座孔以及满足润滑需要的纵、横油道 机体的构造与气缸排列形式、气缸结构形式和曲轴箱结构形式有关 气缸排列形式有直列式、V 型、VR 型、W 型和水平对置式 各气缸排成一直列的称为直列式气缸排列,如图 3-3(a)所示。其特点是机体的宽度小而高度和长度大,一般只用于六缸以下的发动机 两列气缸排列成 V 形的称为 V 型气缸排列,如图 3-3(b)所示。V 型发动机机体宽度大,而长度和高度小,形状比较复杂。但机体的刚度大,质量和外形尺寸较小	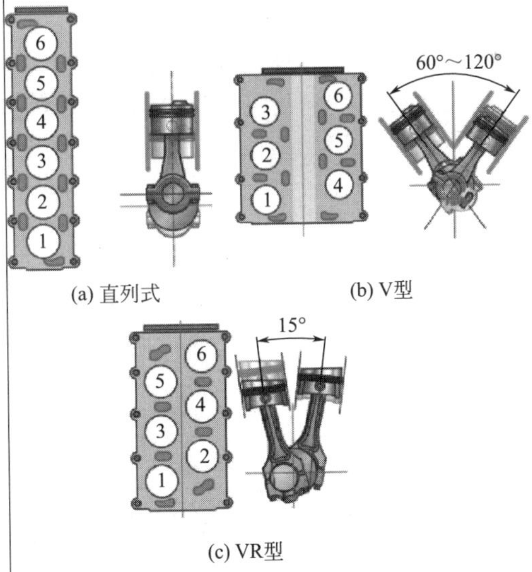 (a) 直列式　　(b) V 型 (c) VR 型 图 3-3

名称	作用	图示
机体构造与气缸排列形式	VR型发动机的6个气缸互成15°角偏置布置的气缸容纳在一个不太宽且较短的发动机缸体上，如图3-3(c)所示 W型发动机根据模块化设计原则糅合了两个"VR气缸组"。单个气缸组内气缸之间的夹角为15°，两个VR气缸组之间的夹角为72°，如图3-3(d)所示 对置式气缸排列是指两列气缸水平相对排列，其优点是重心低，而且水平对置式发动机的平衡性好。机体由左、右两个机体用螺栓紧固在一起，如图3-3(e)所示	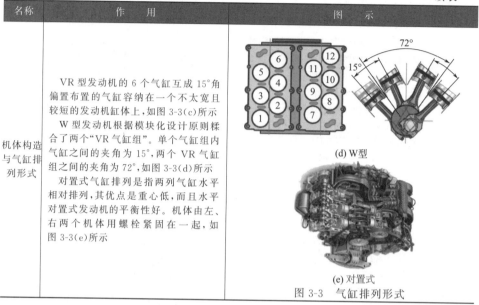 (d) W型 (e) 对置式 图3-3 气缸排列形式

(2) 曲柄连杆机构

曲柄连杆机构的作用是把燃料燃烧后气体作用在活塞顶上的膨胀压力转变为曲轴旋转的转矩，不断输出动力。曲柄连杆机构是发动机实现工作循环、完成能量转换的主要运动零件。在做功冲程，它将燃料燃烧产生的热能驱使活塞往复运动、曲轴旋转运动而转变为机械能，对外输出动力；在其他冲程，则依靠曲柄和飞轮的转动惯性，通过连杆带动活塞上下运动，为下一次做功创造条件。

曲柄连杆机构（图3-4）由活塞连杆组和曲轴飞轮组的零件组成。其构造与原理如表3-2所示。

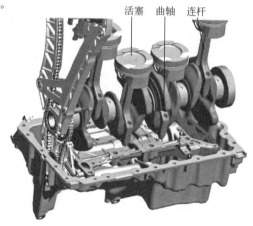

图3-4 曲柄连杆机构

表 3-2 曲柄连杆机构

名称	作　用	图　示
活塞连杆组	图 3-5 所示的活塞连杆组将活塞的往复运动变为曲轴的旋转运动,同时将作用于活塞上的力转变为曲轴对外输出转矩,以驱动汽车车轮转动。它是发动机的传动件,它把燃烧气体的压力传给曲轴,使曲轴旋转并输出动力。活塞连杆组主要由活塞、活塞环、活塞销和连杆等组成 活塞的主要作用是承受气缸的气体压力,并将此力通过活塞销传给连杆,以推动曲轴旋转;它把燃烧气体的压力传给曲轴,使曲轴旋转并输出动力;活塞的顶部还与气缸盖、气缸壁共同组成燃烧室 活塞环包括气环和油环两种。气环的作用是保证活塞与气缸壁间的密封,防止高温高压燃气进入曲轴箱;同时还将活塞顶部的大部分热量传导给气缸,再由冷却水或空气带走。油环主要起刮油、布油和辅助密封作用。油环用来刮除气缸壁上多余的机油,并在气缸壁上铺涂一层均匀机油膜,这样既可以防止机油串入,又可以减小活塞与气缸的磨损与摩擦阻力 连杆的功用是连接活塞和曲轴,把活塞的往复运动转变为曲轴的旋转运动,并将活塞承受的力传给曲轴。连杆一般由小头、杆身和大头三部分组成	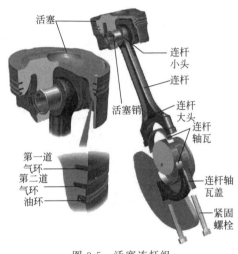 图 3-5　活塞连杆组
曲轴飞轮组	曲轴的功用是把活塞连杆组传来的气体压力转变为扭矩通过飞轮对外输出,另外,还用来驱动发动机的配气机构及其他辅助装置。曲轴的材料大多采用优质中碳钢或中合金碳钢,有的采用球墨铸铁。为了提高曲轴的耐磨性,其主轴颈和连杆轴颈表面上均需高频淬火或氮化 如图 3-6 所示,曲轴由主轴颈、连杆轴颈、曲柄、油孔、前端轴和曲轴后端等组成,有的发动机还包括平衡重。一个连杆轴颈和它两端的曲柄及相邻两个主轴颈构成一个曲拐 曲轴的形状和各曲拐的相对位置取决于缸数、气缸排列方式和点火次序。直列式发动机曲轴的曲拐数等于气缸数;V 型发动机曲轴的曲拐数等于气缸数的一半	 图 3-6　曲柄飞轮组

3.2 配气机构

发动机配气机构图 3-7 所示按照发动机每一气缸内所进行的工作循环和点火顺序的要求,定时开启和关闭各气缸的进、排气门,使新鲜的可燃混合气(汽油机)或空气(柴油机)得以及时进入气缸,废气得以及时从气缸排出。在压缩与做功行程中,关闭气门保证燃烧室的密封。

配气机构一般由气门组、气门传动组组成。气门组的作用是封闭进、排气道;气门传动组的作用是使进、排气门按配气相位规定的时刻开启和关闭,如表3-3所示。

图 3-7 配气机构

表 3-3 配气机构

名称	作　用	图　示
气门组	气门组主要由气门、气门座、气门导管、气门弹簧等零件组成,如图 3-8 所示 气门是用来封闭气道的。气门由头部和杆身两部分组成。头部用来封闭进、排气道,杆身用来在气门开闭过程中起导向作用。进气门一般采用中碳合金钢(如镍钢、镍铬钢和铬钼钢等)排气门多采用耐热合金钢(如硅铬钢、硅铬钼钢) 气门导管的功用是给气门的运动导向,保证气门的往复直线运动和气门关闭时能正确地与气门座贴合,并为气门杆散热。气门导管通常单独制成零件,再压入缸盖(或缸体)的承孔中 气门弹簧的作用是保证气门关闭时能紧密地与气门座或气门座圈贴合,在气门开启时,保证气门不因运动惯性而脱离凸轮	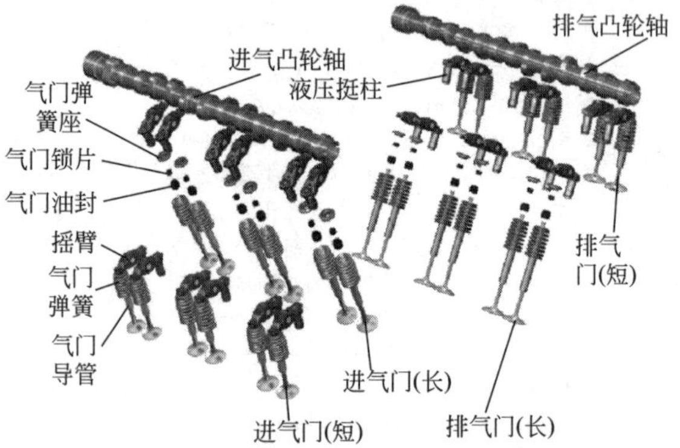 图 3-8 气门组

续表

名称	作用	图示
气门传动组	气门传动组主要包括凸轮轴、挺柱、推杆、摇臂与摇臂轴等，如图 3-9 所示。 凸轮分为进气凸轮和排气凸轮两种，用来驱动与控制气门的开启和关闭；轴颈对凸轮轴起支承作用。 挺柱的作用是将凸轮的推力传给推杆或气门，并承受凸轮轴旋转时所施加的侧向力，并将其传给机体或气缸盖。挺柱可分为机械挺柱和液力挺柱两大类。 摇臂的作用是改变推杆或凸轮传来的力的方向，作用到气门杆以推开气门	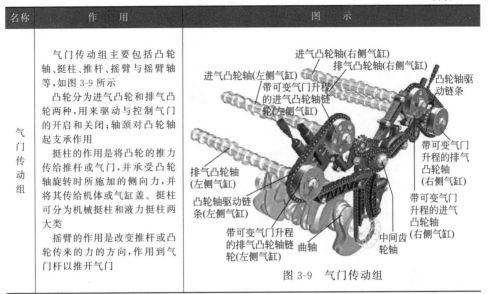 图 3-9 气门传动组

3.3 燃油供给系统

燃油供给系统主要由燃油输送部分（油箱、电动燃油泵、燃油滤清器）和燃油分配喷射部分（燃油分配管、燃油压力调节器和喷油器等）组成，如图 3-10 所示。各部分功用如表 3-4 所示。

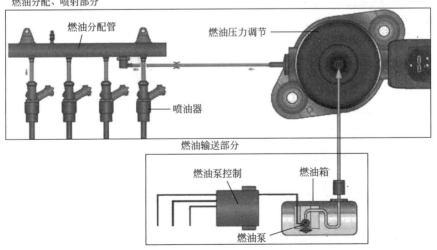

图 3-10 燃油供给系统组成

表 3-4 燃油供给系统各部分功用

名称	作 用	图 示
燃油输送部分	燃油输送部分主要作用是利用电动燃油泵将存储在油箱内的燃油泵出并输送到高压油泵（直喷式发动机）或燃油分配管，如图 3-11 所示 油箱的作用是储存燃油。油箱的数量、容量、形状及安装位置随车型而异。油箱的容量应使汽车的续驶里程达到 300~600km 燃油泵的作用是将燃油从油箱内泵出，并预加压 燃油滤清器的作用是除去燃油中的杂质水分，以减少油压调节器和喷油器等零件的故障，保障燃油系统的正常工作	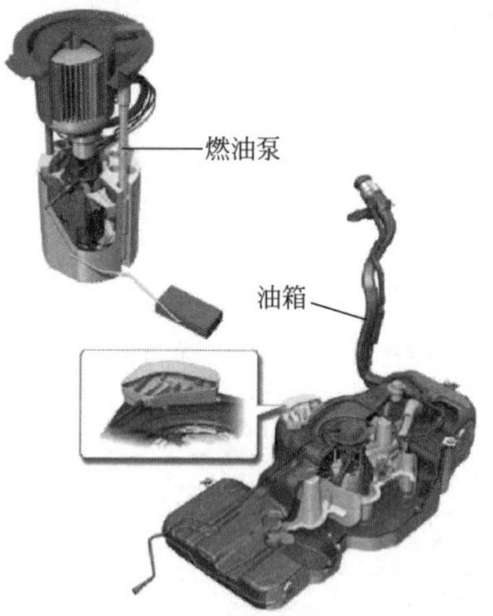 （燃油泵、油箱） 图 3-11 燃油输送部分
燃油分配喷射部分	燃油分配喷射部分（图 3-12）的作用是将燃油泵输送来的燃油加压并通过燃油分配管分配给各缸的喷油器，再由喷油器根据各缸的喷油时刻将燃油喷射到气缸内 直喷式汽油机高压泵的作用是将燃油加压，输送到燃油分配管 喷油器的作用是按照电控单元的指令将一定数量的汽油以雾状喷入进气道或进气管内（直喷发动机直接喷射到气缸内）。电控汽油喷射系统中都采用电磁式喷油器	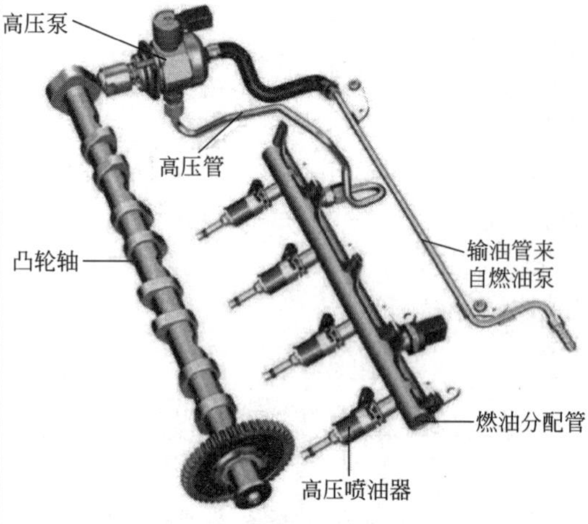 （高压泵、高压管、凸轮轴、输油管来自燃油泵、燃油分配管、高压喷油器） 图 3-12 燃油分配喷射部分

3.4 润滑系统

发动机工作时，很多传动零件都是在很小的间隙下做高速相对运动。若不对这些表面进行润滑，则它们之间将发生强烈的摩擦致使发动机无法运转。

润滑系统主要由机油泵、机油滤清器、机油集滤器等组成，如图 3-13 所示，各部件的作用如表 3-5 所示。

第3章 发动机的机械结构

图 3-13 奥迪 EA888（第三代）发动机润滑系统

表 3-5 润滑系统各部件作用

名称	作用	图示
机油泵	机油泵是发动机润滑系统中机油循环的动力源。机油泵安装在发动机缸体下部，旋转时将油底壳的机油加压排向润滑油路，经过机油滤清器过滤后进入所需润滑部件的表面 常见的液压泵有外啮合齿轮泵、内啮合齿轮式泵、转子泵和叶片泵。就汽车润滑系统的机油泵来说，常用的是外啮合齿轮泵[图 3-14 (a)]、内啮合齿轮泵[图 3-14(b)]和转子泵	(a) 外啮合式齿轮泵 (b) 内啮合式齿轮泵 图 3-14 机油泵

31

续表

名称	作用	图示
机油滤清器	机油滤清器的作用是滤除机油中的金属磨屑、机械杂质和机油氧化物，保持机油的清洁，如图 3-15 所示	图 3-15 机油滤清器

3.5 冷却系统

这里以水冷系统为例介绍冷却系统构造和原理。

汽车发动机冷却系统的主要结构部件有：节温器、水泵、散热器、散热风扇、水温感应器、蓄液罐、采暖装置（类似散热器）。在整个冷却系统中，冷却介质是冷却液，如图 3-16 所示，各部件结构和功能原理如表 3-6 所示。

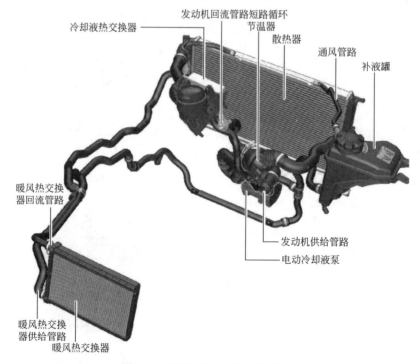

图 3-16 宝马 N20 发动机冷却系统

第3章 发动机的机械结构

表 3-6 冷却系统各部件结构和功能原理

名称	作用	图示
冷却液泵	冷却液泵（图 3-17）的作用是对冷却液加压，保证其在冷却系中循环流动 汽车发动机广泛采用的离心式冷却泵由壳体、泵轴、叶轮及进水管等组成。当叶轮按图 3-17 所示的方向旋转时，冷却液泵中的冷却液被叶轮带动一起旋转，并在离心力的作用下被甩向冷却液壳体的边缘，同时产生一定的压力，然后从出水管流出 部分车型还采用了电动式冷却液泵。与传统的离心式叶轮泵不同，电动冷却液泵由电动机驱动，因而不受发动及转速的影响。由 ECU 控制器转速提高冷却液泵的效率，又可以降低功率，改善了发动机的燃油经济性	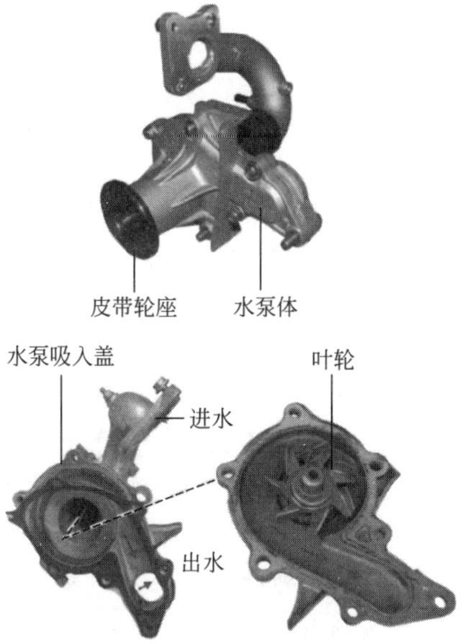 图 3-17 冷却液泵
节温器	节温器（图 3-18）是控制冷却液流动路径的阀门。当发动机冷启动时，冷却液温度较低，这时节温器将冷却液流向散热器的通道关闭，使冷却液经冷却液泵入口直接流入机体或气缸盖水套，以便使冷却液迅速升温，从而达到热车的目的 节温器一般为蜡式，当冷却液温度低于规定值时，节温器感温体内的石蜡呈固态，节温阀在弹簧的作用下关闭发动机与散热器之间的通道。当温度达到规定值时，石蜡开始融化变为液体，体积增大并压迫胶管使其收缩。胶管收缩的同时对推杆作用以向上的推力。由于推杆上端固定，因此推杆对胶管和感温体产生向下的反推力使阀门开启。这时冷却液经散热器和节温器阀再经冷却液泵流回发动机	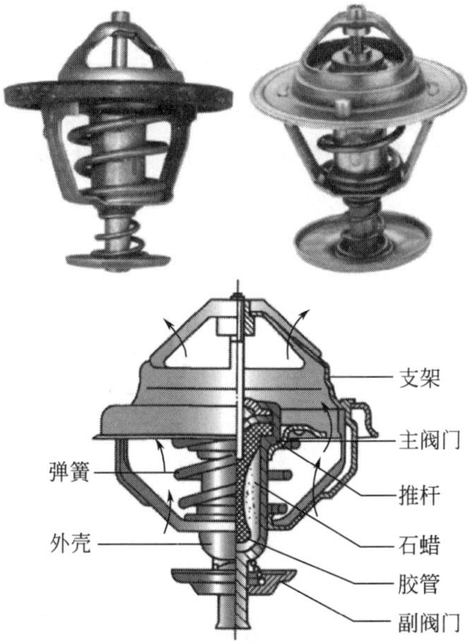 图 3-18 蜡式节温器

名称	作用	图示
散热器	冷却液在散热器芯内流动,空气在散热器外通过,热的冷却液由于向空气散热而变冷,冷空气则因吸收冷却液散出的热量而升温,散热器就是一个热交换器,如图3-19所示 按照散热器中冷却液流动的方向可将散热器分为纵流式和横流式两种	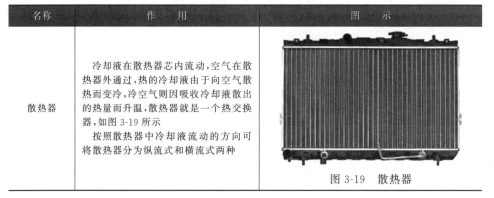 图3-19 散热器

3.6 点火系统

汽车点火系统经历了传统点火系统、电子点火系统到目前普遍采用的电控点火系统,点火效率和可靠性越来越高。电控点火系统又称数字式点火系统,与上述另外两种点火系统相同,也以蓄电池和发电机为电源,借点火线圈将电源的低压电转变为高压电,再由电子控制单元(ECU)直接将高压电分配给各缸,并由电子控制单元(ECU)根据各种传感器提供的反映发动机工况的信息,发出点火控制信号,控制点火时刻,点燃可燃混合气。电控点火系统是目前最新型的点火系统,已广泛应用于各种汽车上。

电控点火系统由电子控制单元(ECU)、点火线圈、高压线、火花塞、传感器组成,如图3-20所示,各部件功能如表3-7所示。

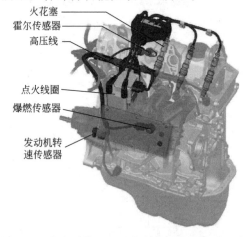

图3-20 点火系统(电子控制单元在图中未画出)

第3章 发动机的机械结构

表 3-7 点火系统各部件功能

名称	作 用	图 示
电子控制单元	电控点火系统的电子控制单元根据曲轴的不同位置，按一定顺序控制两个或多个点火线圈初级绕组，以实现电子式高压配电。电子控制单元内部集成气缸判别（简称判缸）电路（又称为分电电路），以根据曲轴位置传感器或气缸判别信号传感器确定需要控制的点火线圈初级绕组。输出接口电路依次输出多路点火控制信号，分别控制点火控制器中与各点火线圈初级绕组对应的大功率三极管的通断，使需要点火气缸的火花塞适时跳火，如图3-21所示	 图 3-21 电子控制单元
点火线圈	点火线圈是将蓄电池或发电机输出的低压电转换为高压电的升压变压器 点火线圈由初级绕组、次级绕组和铁芯等组成。当初级线圈接通电源时，随着初级电路中电流的增长，线圈周围产生很强的磁场，铁芯储存了磁场能；当初级线圈断路时，初级线圈的磁场迅速衰减，次级线圈就会感应出很高的电压。初级线圈的磁场消失速度越快、电路断开瞬间的电流越大、两个线圈的匝数比越大，则次级线圈感应电压越高，如图3-22所示	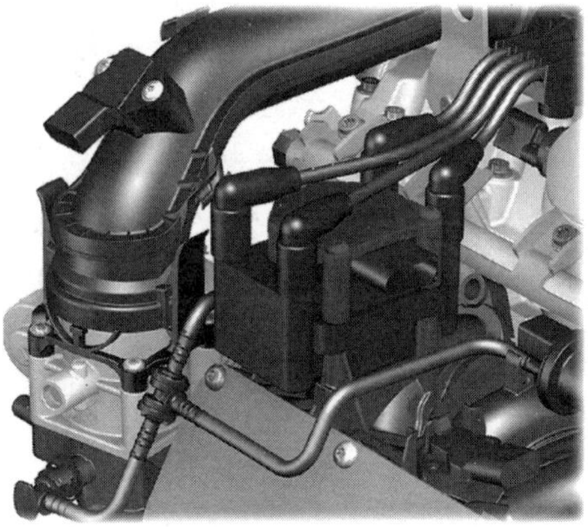 图 3-22 点火线圈
火花塞	火花塞的功用是将点火线圈产生的脉冲高压电引入燃烧室，并在中心电极和侧电极之间产生电火花，以点燃可燃混合气，如图3-23所示	 图 3-23 火花塞

续表

名称	作用	图示
霍尔传感器（相位传感器）	发动机凸轮轴与曲轴的转速比是1/2。凸轮轴的位置可指出上止点运动时发动机活塞到底是压缩冲程，还是排气冲程。凸轮轴上的相位传感器将相位信息传输给发动机电控单元。对有单独火花的点火线圈的点火系统和顺序喷油需要相位传感器 霍尔传感器位于凸轮轴传动轮的后侧 测程轮被固定在凸轮轴传动轮的背面 测程轮上有两个宽的和两个窄的测量窗。因此曲轴每转动90°就产生一个特征信号。在发动机转动半圈前，发动机控制单元就可探到凸轮轴的位置，并控制燃油喷射系统和点火开关（快速启动传感器），如图3-24所示	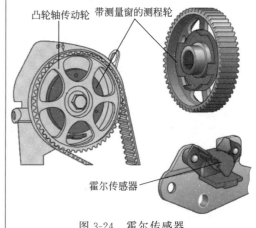 图3-24 霍尔传感器
发动机转速传感器	发动机转速传感器是一种感应式传感器，用以获取发动机转速和曲轴准确角度位置（输入系统） 在飞轮上安装有一个单独用于发动机转速传感器的信号轮。信号轮被设计成一个带有很多齿段的轮，共分成60个齿段。每当信号轮转过传感器，就会产生一个交流电压，其频率随着转速而变化。频率即是转速的高低。为了识别曲轴位置，信号轮在两个齿段之间有一段空隙 发动机转速传感器用于识别发动机转速。它与霍尔传感器一起识别发动机1号缸上止点，从而确定喷油时间和点火正时，如图3-25所示	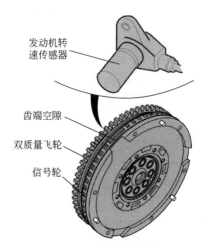 图3-25 发动机转速传感器

续表

名称	作用	图示
爆燃传感器	爆燃传感器实质就是振动传感器。它可检测物体的振动声波,如点燃式发动机出现不正常的爆燃。爆燃由传感器检测并转换成电信号,被输入到电控单元。电控单元通过调整点火提前角防止发动机爆燃。 为检测所有气缸的爆燃信号,在四缸发动机上只需要1个爆燃传感器。更多的气缸则需要2个或多个爆燃传感器。在发动机上安装爆燃传感器应保证能识别到每一气缸的爆燃。传感器大都被装在发动机缸体的宽侧。发动机缸体测点处产生的信号(固体声音振荡)应该没有谐振地进入爆燃传感器。为此,需用螺钉将传感器紧固在缸体上,如图3-26所示	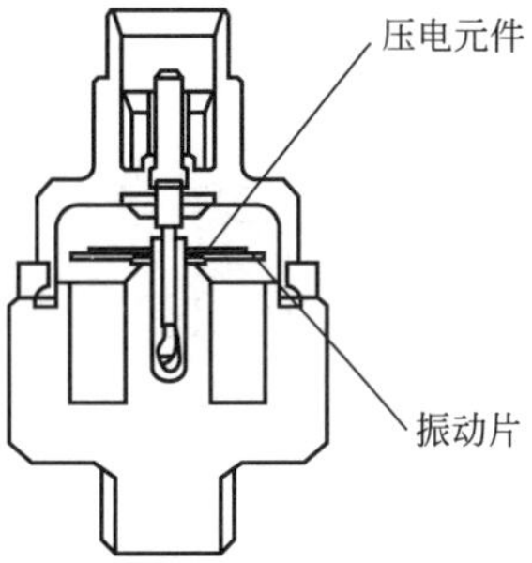 图 3-26 爆燃传感器
高压线	就是把高压线圈产生的高电压传导到火花塞的导线,也叫分缸线或分火线。在汽车中,它的学名叫汽车发动机高压点火线束,按发动机的缸数决定高压点火线的条数,每条包括连接的高压点火电线,两侧分别装有连接火花塞和高压点火线圈的接线端子及防尘绝缘护套,如图3-27所示	 图 3-27 点火高压线

3.7 启动系统

为了使静止的发动机进入自行运转状态,必须先依靠外力带动发动机的曲轴,使活塞开始上下运动,气缸内吸入可燃混合气,并将其压缩、点燃,体积迅速膨胀产生强大的动力,推动活塞运动并带动曲轴旋转,发动机才能自动地进入工作循环。通常把发动机的曲轴在外力作用下开始转动到发动机自动怠速运转的全过程,称为发动机的启动过程。

启动系统由蓄电池、起动机、点火开关等组成,如图3-28所示,各部件功能如表 3-8 所示。

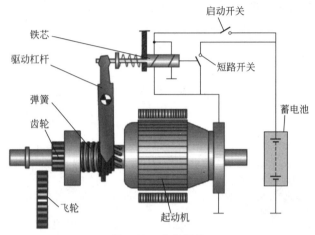

图 3-28 启动系统

表 3-8 启动系统各部件功能

名称	作用	图示
起动机	起动机是将蓄电池的电能转化为机械能,驱动发动机飞轮旋转,实现发动机启动的机电装置。 按照传动形式可将起动机分为非减速起动机和减速起动机。减速起动机在起动机与驱动齿轮之间增设了一组减速齿轮,使得起动机具有结构尺寸小、质量轻、启动可靠等优点。目前汽车上主要使用减速起动机,如图 3-29 所示	 图 3-29 起动机
蓄电池	蓄电池是一个化学电源。充电时其内部的化学反应将外接电源的电能转换为化学能储存起来;用电时再通过化学反应将储存的化学能转变为电能,输出给用电设备 蓄电池的种类繁多,汽车常用的低压蓄电池一般为铅酸蓄电池。铅酸蓄电池的电解液成分呈酸性,由于酸性蓄电池电极的主要成分是铅,故而称之为铅酸蓄电池,如图 3-30 所示 铅酸蓄电池又分为普通型、干式荷电型和免维护型 车用电压蓄电池一般由 3 只或 6 只单个电池串联而成,每只单个电池的电压约为 2V,串联后电压为 6V 或 12V。铅酸蓄电池主要由极板、隔板、电解液、壳体、连接条和接线柱等组成	图 3-30 蓄电池

PART 02

第2部分 汽车发动机的保养、就车维修及简单器件的更换

第4章

发动机的例行检查与常规保养

4.1 发动机的例行检查

例行检查无论是对车主日常行车还是对故障排除都是很重要的。车主日常行车前的例行检查能将故障消灭在萌芽状态,故障排除时的例行检查可以排除因车主粗心造成的故障。

[1] 机油油位的检查

大众/奥迪 EA888 2.0TFSI 发动机机油液位检查如表 4-1 所示。

表 4-1　大众/奥迪 EA888 2.0TFSI 发动机机油液位检查

项目	操　作	图　示
机油液位的检查	①车辆停止在水平路面上。关闭发动机后,至少等待 3min,以使机油流回油底壳 ②拔出机油标尺,用干净的抹布擦净,然后重新将其推至限位位置 ③再次拔出机油标尺并读取机油油位,如图 4-1 所示	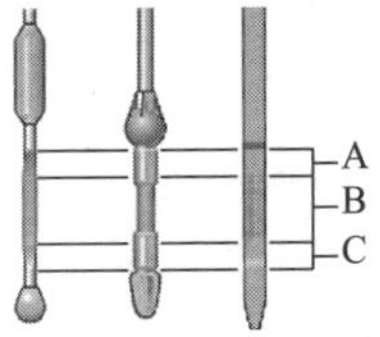 图 4-1　发动机机油液位 A—不能再添加机油;B—可以添加机油到 A 位置;C—必须添加机油,可将机油添加到 A 位置

续表

机油过多会导致发动机"烧机油",当然对所加的机油是无谓地损耗掉了。烧机油,会导致发动机火花塞、气门、活塞环、燃烧室积炭,影响发动机性能的发挥,积炭严重时,引发发动机工作时产生"早燃"甚至发生爆燃,损害发动机

机油过少会引起发动机旋转运动部件润滑不良,造成部件损坏

(2) 冷却液液位的检查

发动机冷却液主要功能是保护发动机正常良好运行,在发动机气缸体、气缸盖、冷却液泵以及散热器内循环,起到防冻、防沸、防锈、防腐蚀等的作用。大多冷冻液的颜色为红色或绿色,以便观察是否泄露,或与发动机其他液体相区别,避免混淆。冷却液通过补偿管添加进冷却液箱即散热器内,可以通过冷却液在补偿管内的位置判断其多少。冷却液液位的检查方法如表4-2所示。

表4-2 冷却液液位的检查

项目	操作	图示
冷却液液位检查	①发动机冷态时,将车停稳,解锁发动机舱盖锁止装置,使用支撑杆支撑发动机舱盖 ②找到冷却液补偿管罐,补偿管上有min和max两条线,通常冷却液颜色为红色或绿色,观察液体是否在两条线之间,不足时添加,如图4-2所示	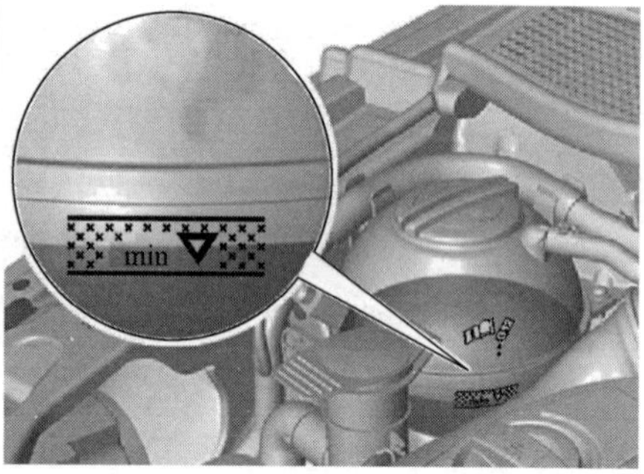 图4-2 冷却液液位的检查
热车状态下添加冷却液注意事项	发动机热态时如果必须添加冷却液,需要用湿毛巾叠多层后垫在补偿液罐/散热器盖上先拧松半圈观察,有蒸气释放出时等待一会,等待蒸气基本释放完毕,再拧松补偿液罐/散热器盖。即使没有蒸气释放仍有可能有沸腾的液体喷出,因此尽量等冷却下来再进行添加	

4.2 发动机的常规保养

(1) 汽车发动机保养周期

发动机保养周期如表4-3所示。

第4章 发动机的例行检查与常规保养

表 4-3 发动机保养周期

项目	周期	备注
机油更换	一般为每 5000km 或者 6 个月,以先到者为准	发动机内活塞和气缸壁等部件的金属表面相互摩擦,且运动速度快、环境特殊,工作温度非常高。在这样恶劣的工况下,只有合格的润滑油才能减少发动机零件的磨损,延长其使用寿命。而劣质机油会导致活塞环卡死,进而导致发动机出现严重故障
机油滤清器	更换机油的同时更换	
空气滤清器	每隔 10000km 更换 1 次	根据车辆的行驶环境可适当调整
空调滤清器		
冷却液	每 2 年更换 1 次	在冷却液中含有添加剂和抗泡沫添加剂,这些添加剂会在使用过程中逐渐地丧失应有的功能,以至于无法对冷却系统内部进行很好的保护,也就是说,在冷却系统不发生泄漏的前提下,冷却液对于温度的控制基本不会变,但由于添加剂失效,特别是抗泡沫添加剂,在水泵叶轮的搅动下,会使冷却液产生气泡,这些气泡会大大削弱冷却液的效果。所以,冷却液最好能按期更换
进气歧管和进气道	通常建议 30000km 左右清洗 1 次	发动机进气歧管和进气道内有积炭,需要定期清洗
喷油器		

(2) 发动机的常规保养方法

一般来说,更换发动机机油和三滤是发动机保养的基础。这里的三滤是指空气滤清器、机油滤清器和燃油滤清器。对于初入门的维修技术人员来说掌握这些常规保养技能和注意事项至关重要。

① 空气滤清器的更换 发动机空气滤清器的主要作用是在尽可能降低进气阻力的前提下清除空气中的微粒杂质,让清洁的空气进入发动机气缸。发动机工作时,如果吸入的空气中含有灰尘等杂质就将加剧零件的磨损,所以必须装有空气滤清器。空气滤清器由滤芯和壳体两部分组成。

空气滤清器根据滤清原理可分为油浴式、纸滤式和复合式滤清器等多种形式。纸滤式空气滤清器具有质量轻、成本低以及滤清效果好等特点,被广泛应用在汽车发动机上。

一汽大众迈腾 B7L、B8 分别搭载了大众 EA888(1.8T/2.0T)第二代和第三代发动机。空气滤清器的安装位置在发动机的右侧。

一汽大众迈腾 EA888(1.8T/2.0T)发动机空气滤清器的更换如表 4-4 所示。

表4-4 一汽大众迈腾 EA888（1.8T/2.0T）发动机空气滤清器的更换

操 作	图 示
将车辆停稳,解锁发动机舱盖锁止装置,使用支撑杆支撑发动机舱盖	
用十字螺钉旋具旋松如图4-3所示的空气滤清器上盖的8颗螺栓,螺栓带有反卡不会从滤清器上盖上掉落 部分车型的空气滤清器上盖是由卡扣与下盖相连的,卡扣的结构较为简单,通过往外掰卡扣就能把其拆除	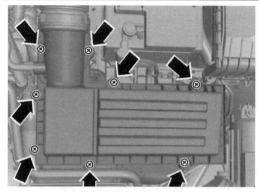 图4-3 空气滤清器上盖紧固螺栓
将空气滤清器取下或掀起,即可看到空气滤清器芯。如图4-4所示换上新的空气滤清器,再将上盖按照拆卸相反的步骤旋紧螺栓即完成空气滤清器的更换	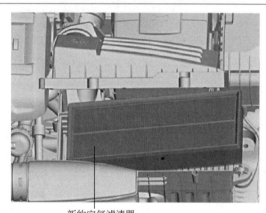 新的空气滤清器 图4-4 安装新的空气滤清器芯

② 机油与机油滤清器的更换 机油作为发动机的润滑剂对保障发动机的正常工作尤为重要。而机油滤清器的作用是滤出机油中的磨屑、机械杂质和机油氧化物。如果这些杂质随机油一起进入润滑系统,将加剧发动机零部件的磨损,可能堵塞油管或油道。

机油滤清器一般安装在发动机气缸体中间靠下位置,如图4-5所示,大众迈腾、奥迪Q5、A6L等普遍使用的1.8/2.0T EA888发动机机油滤清器安装在发动机的上部靠近气缸盖罩盖的位置,如图4-6所示。

机油和机油滤清器的更换如表4-5所示。

第 4 章 发动机的例行检查与常规保养

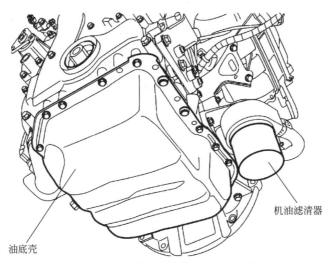

图 4-5 机油滤清器安装位置（起亚 K5 发动机）

图 4-6 机油滤清器安装位置（大众 EA888 第三代）

表 4-5 机油和机油滤清器的更换

项目	操 作	图 示
准备	将车辆停驶在水平里面上，启动发动机使其升温至正常温度，关闭发动机等待一段时间使机油慢慢流回油底壳	

续表

项目	操 作	图 示
排放机油	将发动机气缸盖罩盖上的机油加注口盖打开。举升车辆,拆卸如图4-7所示油底壳上的放油螺栓,将机油排入容器	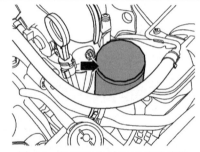 图4-7 油底壳上的放油螺栓
	EA888发动机机油滤清器在发动机的顶部,排放机油时,需要将机油加注口盖打开,再将如图4-8所示的机油滤清器用专用扳手旋松,使其内部的机油流入曲轴箱	图4-8 EA888发动机机油滤清器
更换机油滤清器	①待发动机机油完全放出,机油排泄口再没有机油滴出后,将放油螺栓装回并按照规定力矩拧紧,一般力矩为34～44N·m ②降下车辆,将机油滤清器扳手套在机油滤清器后部(EA888发动机上一步骤已经将机油滤清器旋松,这里可省略此步骤),拧松机油滤清器并取下 ③将新的机油滤清器取出,并将新的发动机机油涂抹在新机油滤清器的衬垫上 ④将机油滤清器轻轻地拧紧到位,保证机油滤清器的衬垫接触座圈 ⑤再用扭力扳手按照规定力矩旋紧机油滤清器,一般规定力矩为12～16N·m;大众EA888第三代发动机机油滤清器的规定力矩为22N·m 图4-9为EA888第三代发动机机油滤清器装配图。由于采用了涡轮增压,发动机整体温度较高,因此采用了机油冷却器,防止机油温度过高对发动机造成不必要的损害	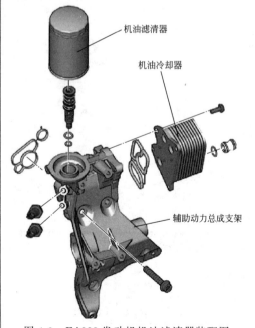 图4-9 EA888发动机机油滤清器装配图

第4章 发动机的例行检查与常规保养

续表

项目	操 作	图 示
加注机油并检查机油量	①通过机油加注口加入定量的机油,旋紧机油加注口盖,静止发动机3min左右,使用机油尺查看机油液位,如不足则继续添加 ②启动发动机运转一段时间,检查机油是否泄漏,并检查机油表或机油警告灯 ③关闭发动机,静止3min左右,抽出机油尺,用干净抹布擦去机油,再次将机油尺插入到底,重新拔出机油尺检查机油是否在如图4-10所示的规定位置	图4-10 机油规定液位 A—不能再添加机油;B—可以添加机油到A位置; C—必须添加机油,可将机油添加到A位置

③ **燃油滤清器的更换（外置式）** 燃油滤清器的作用是去除燃油中的杂质和水分,以减少机件磨损。燃油滤清器上标有箭头表示燃油的流动方向,更换安装时切记不可装反,燃油滤清器的外观如图4-11所示。燃油滤清器有外置式和内置式之分,这里先讲述外置式,内置式燃油滤清器的更换在后面的发动机大修部分讲述。燃油滤清器一般安装在汽车的底部,如图4-12所示。

图4-11 燃油滤清器外观

图4-12 燃油滤清器安装位置

燃油滤清器的拆装如表 4-6 所示。

表 4-6 燃油滤清器的更换

项目	操　作	图　示
拆卸	①分别拆卸如图 4-13 所示的连接到发动机的供油管、连接到燃油箱的供油管和回油管 ②松开管路时按住卡环,拆下图中所示的紧固螺栓 ③取下燃油滤清器	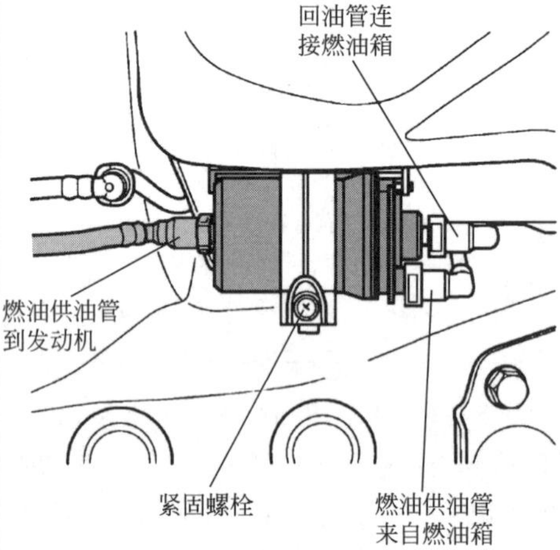 图 4-13 燃油滤清器管路连接
安装	注意,燃油滤清器上有箭头标记表示燃油的流动方向,接头不要混淆 ①燃油流动方向在滤清器壳体上用箭头标出 ②如图 4-14 所示,滤清器壳体上的销钉必须嵌入滤清器支架上导向件的凹口中 ③启动发动机,检查燃油滤清器接头处是否泄漏	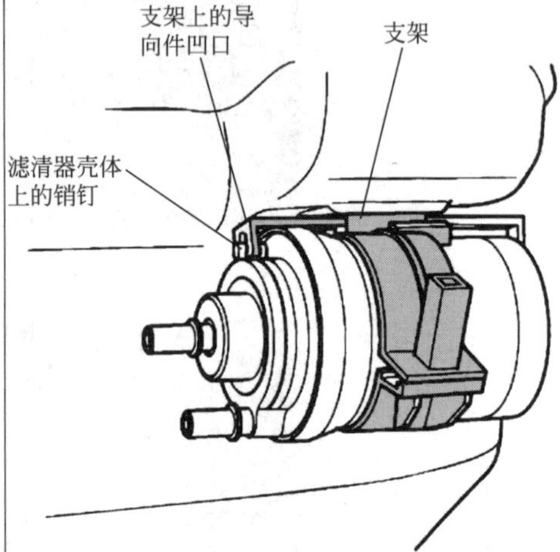 图 4-14 燃油滤清器安装示意图

第5章

汽车发动机就车维修及简单器件更换

5.1 简单零部件拆装与更换

(1) 拆装进气歧管

起亚 K5 发动机进气歧管的拆装方法如表 5-1 所示,装配情况如图 5-1 所示。

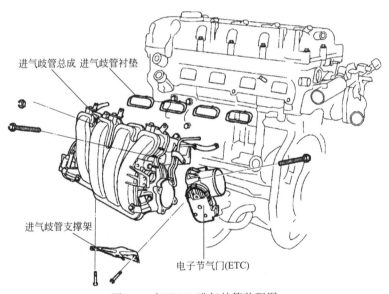

图 5-1 起亚 K5 进气歧管装配图

表 5-1 起亚 K5 发动机进气歧管拆卸与安装

步骤	详情	图示
拆卸		
1	拆卸发动机机盖	
2	分离蓄电池负极端子	

续表

步骤	详情	图示
拆卸		
3	拆卸空气滤清器总成	
4	拆卸车底护板	
5	分离以下导线连接器和线束夹具，从气缸盖和进气歧管上拆卸导线和护罩 ①进气凸轮轴 OCV（机油控制阀）连接器 ②VIS（可变进气系统）连接器、OPS（机油压力开关）连接器、爆燃传感器连接器、空调压缩机开关连接器和交流发电机连接器，如图 5-2 所示 ③喷油嘴连接器 ④ETC（电子节气门控制）连接器与 MAPS（进气歧管绝对压力传感器）和 IATS（进气温度传感器）连接器，如图 5-3 所示	图 5-2 各器件连接器 图 5-3 ETC、MAPS、IATS 连接器
6	拆卸散热器上软管夹	
7	分离 PCV（曲轴强制通风）软管	
8	拆卸供油管与喷油嘴总成	

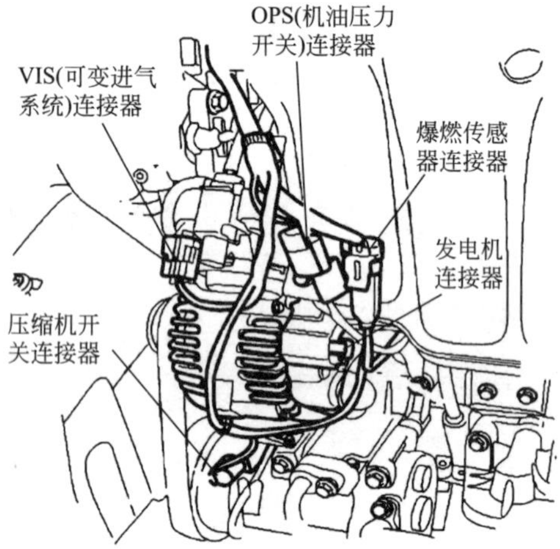

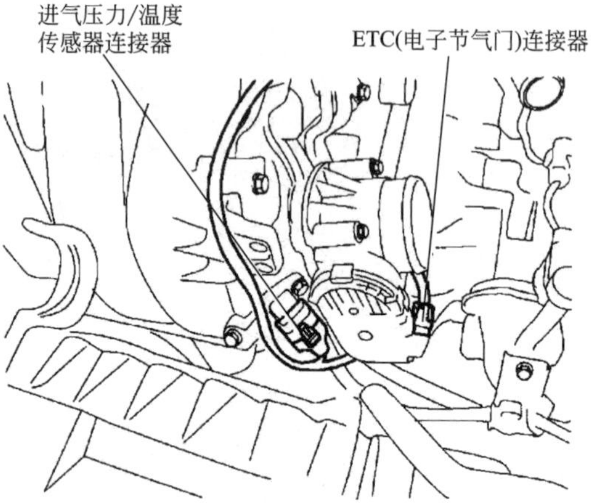

续表

步骤	详情	图示
拆卸		
9	分离燃油软管、制动助力器真空软管和PCSV(净化控制电磁阀)软管、进气CMPS(凸轮轴位置传感器)连接器,如图5-4所示	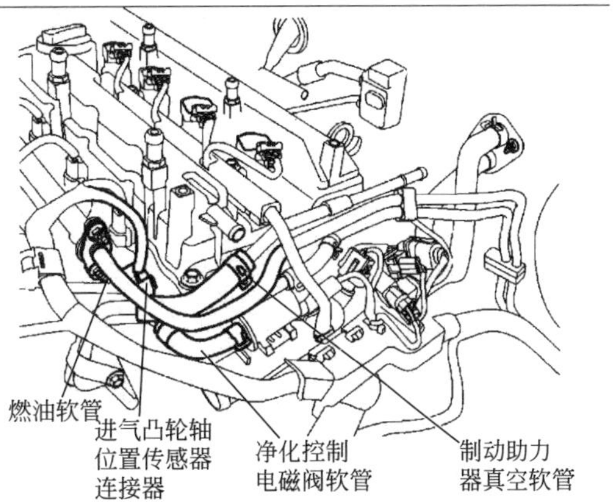 图5-4 分离管路和连接器
10	分离节气门体冷却水软管	
11	拆卸机油标尺	
12	旋松并取下进气歧管支架上的4颗紧固螺栓,拆卸进气歧管支架,如图5-5所示	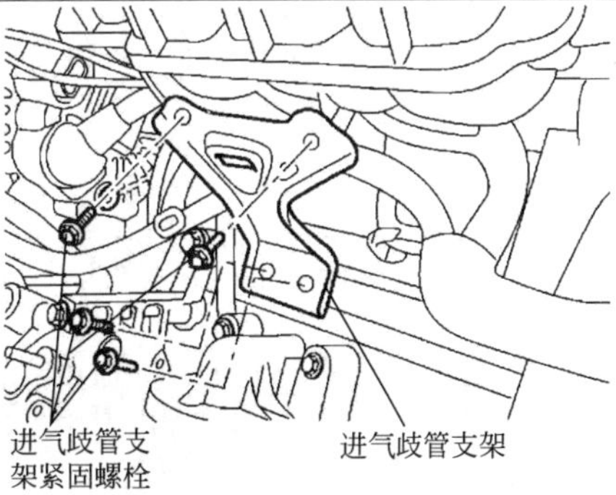 图5-5 拆卸进气歧管支架
13	旋松进气歧管紧固螺母和螺栓,取下进气歧管,如图5-6所示	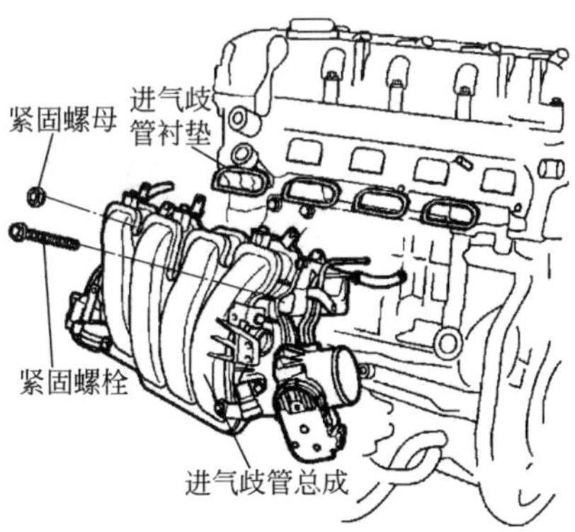 图5-6 拆下进气歧管总成

续表

步骤	详情	图示
安装	安装进气歧管时,首先使用预扭矩拧紧螺栓和螺母,然后按规定扭矩和图5-7所示顺序拧紧螺栓和螺母 按与拆卸相反的顺序安装	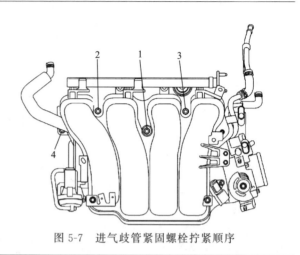 图5-7 进气歧管紧固螺栓拧紧顺序

大众EA888第三代发动机进气歧管的拆装方法如表5-2所示,装配情况如图5-8所示。

图5-8 2017款迈腾EA888第三代发动机进气歧管装配图

第 5 章 汽车发动机就车维修及简单器件更换

表 5-2 大众 EA888 发动机（奥迪 Q5、迈腾等 1.8/2.0TFSI）进气歧管拆装

步骤	详情	图示
1	拆卸发动机机盖	
2	分离蓄电池负极端子	
3	拆卸空气滤清器总成	
4	拧下如图 5-9 所示箭头处的紧固螺栓，松开下部进气道，并将其取下	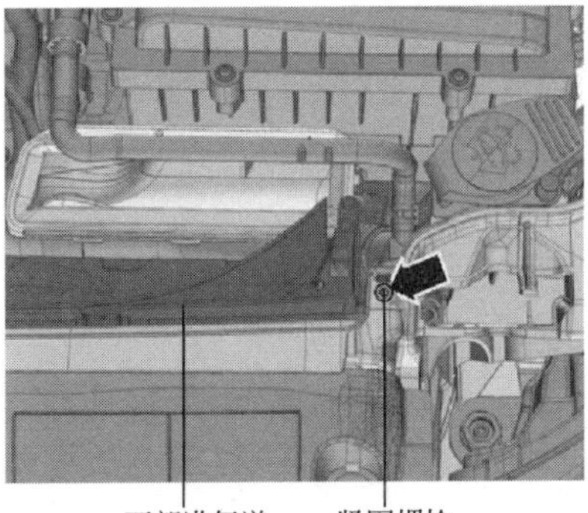 下部进气道　紧固螺栓 图 5-9　拆下下部进气管
5	将车辆举升，拆下发动机底部隔音垫，如图 5-10 所示	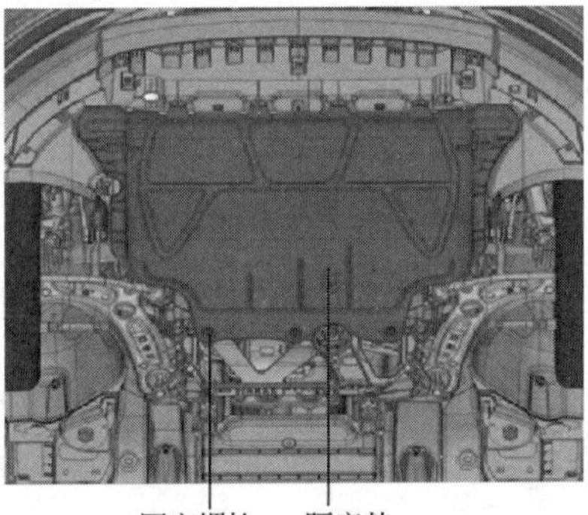 固定螺栓　隔音垫 图 5-10　拆卸隔音垫
6	松开如图 5-11 所示的螺旋卡箍，将增压空气软管从增压空气冷却器上拔下	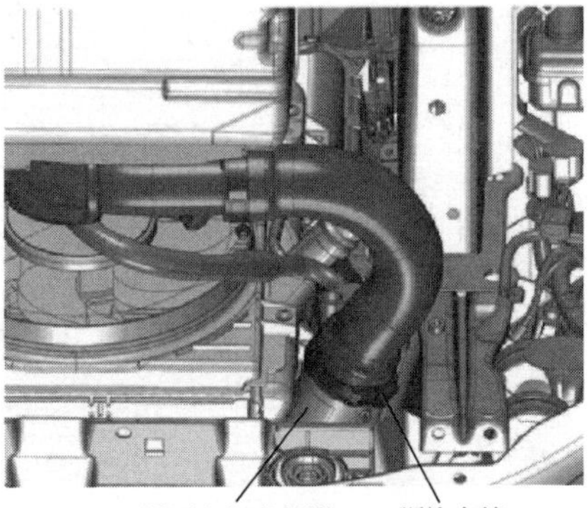 增压空气冷却器　螺旋卡箍 图 5-11　增压空气软管的拆卸

续表

步骤	详情	图示
7	如图5-12所示,脱开冷却液软管固定夹;断开增压压力传感器插接器;拆下图中所示箭头处的两颗固定螺栓;将空气软管上的固定夹松开,然后向下将空气软管从节气门上拔下	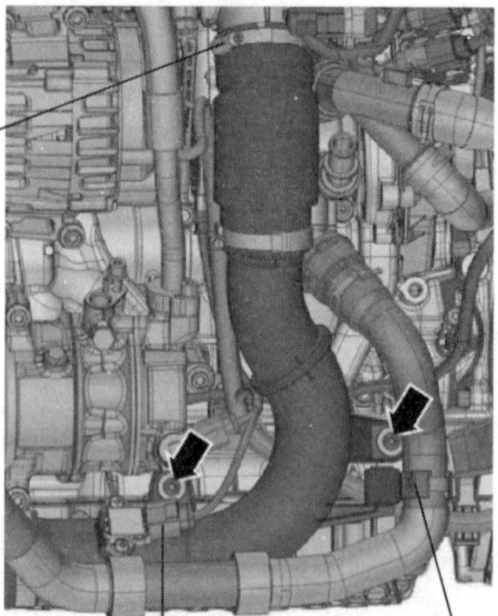 图5-12 拆卸空气软管
8	拔下节气门体上的插接器,脱开线束固定卡子	
	断开进气歧管下方的电气连接器,并按照下面的步骤拆卸低压喷油器	
9	①如图5-13所示,沿箭头方向松开卡止装置,将线束从支架上拔出,打开图中所示的固定夹,脱开线束	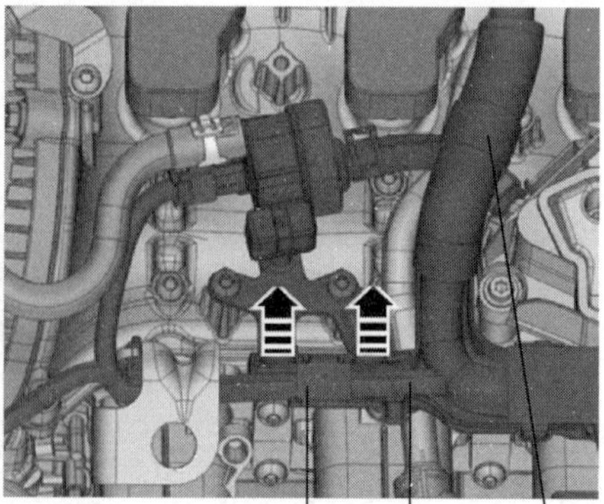 图5-13 脱开线束

续表

步骤	详情	图示
9	②如图 5-14 所示,用直径不超过 25mm 的软管夹夹紧冷却液软管,松开图中箭头所指的弹簧卡箍,拔出冷却液软管;拧出上部冷却液管的两颗螺栓,将上部冷却液管向上抬起	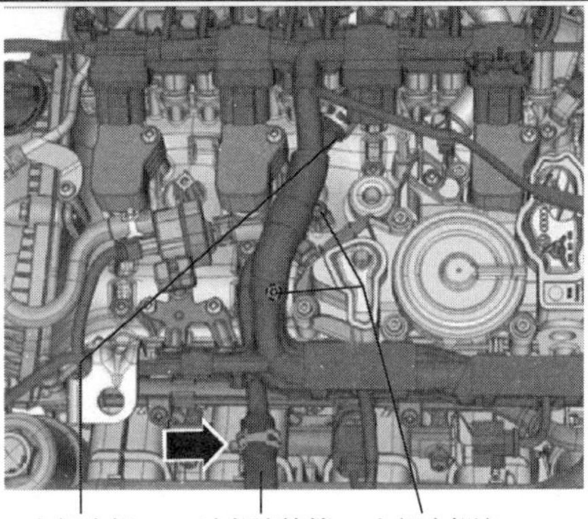 上部冷却 冷却液软管 上部冷却液软管螺栓 图 5-14 冷却液管的拆卸
	③如图 5-15 所示,分别拆下低压燃油压力传感器、进气管传感器、进气歧管喷油器中间的插接器以及发动机吊环处的电线束,拧出图中箭头所示燃油分配器螺栓,拧出图中圆圈放大图处所示的电气连接插头支架上的螺栓,小心地向上拔出燃油分配器和喷油器	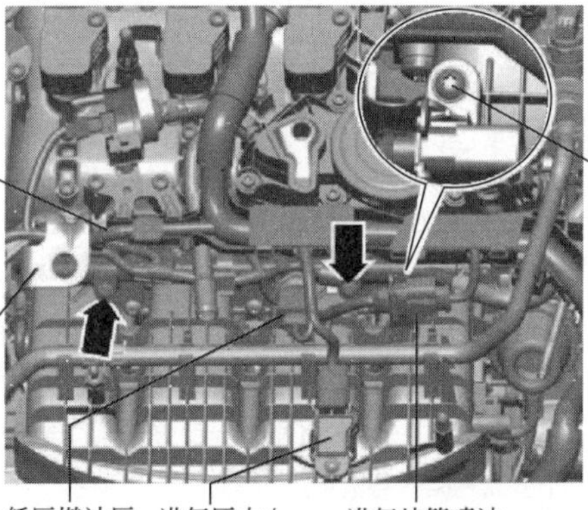 发动机吊环处线束 发动机吊环 电气连接插接器支架螺栓 低压燃油压力传感器 进气压力/温度传感器 进气歧管喷油器中间插接器 图 5-15 拆卸插接器及线束支架螺栓
	④如图 5-16 所示,断开喷油器插接器,按下固定夹可将喷油器从燃油分配器上拔出	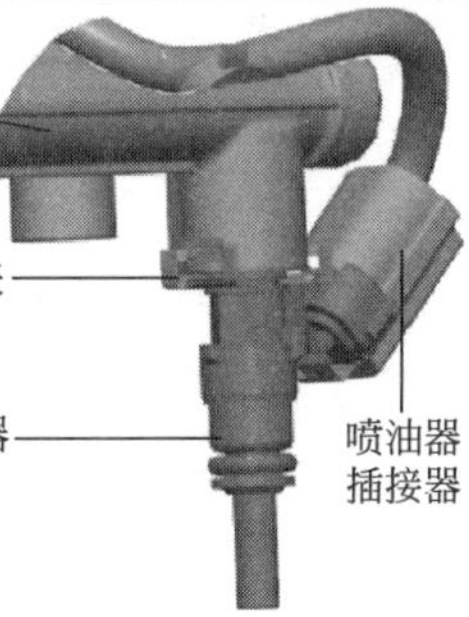 燃油分配器 固定夹 喷油器 喷油器插接器 图 5-16 低压喷油器装配图
10	从进气歧管风门控制阀上拔出连接器和真空软管	

续表

步骤	详情	图示
11	松开螺纹卡箍将左侧增压空软件拆下	
12	如图5-17所示,将线束从固定卡上松开,然后置于一侧;松开图中所示的螺纹卡箍,拆下箭头处的紧固螺栓,然后取下增压空气管	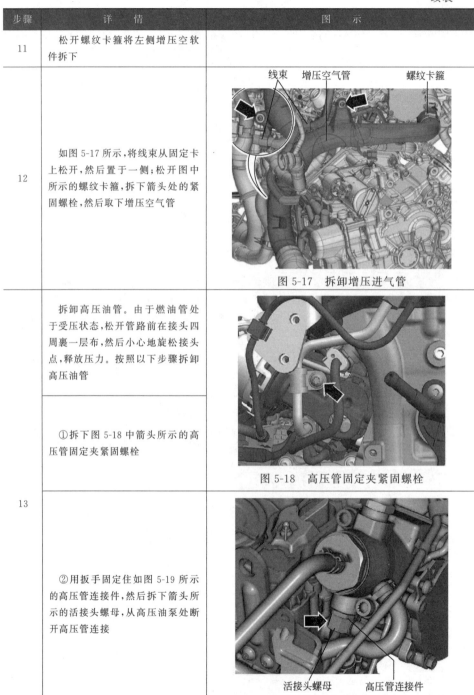 图5-17 拆卸增压进气管
13	拆卸高压油管。由于燃油管处于受压状态,松开管路前在接头四周裹一层布,然后小心地旋松接头点,释放压力。按照以下步骤拆卸高压油管	
	①拆下图5-18中箭头所示的高压管固定夹紧固螺栓	图5-18 高压管固定夹紧固螺栓
	②用扳手固定住如图5-19所示的高压管连接件,然后拆下箭头所示的活接头螺母,从高压油泵处断开高压管连接	图5-19 高压泵处高压管连接

步骤	详情	图示
13	③如图 5-20 所示,用扳手拧下燃油分配管上的活接头螺母,然后取下高压管	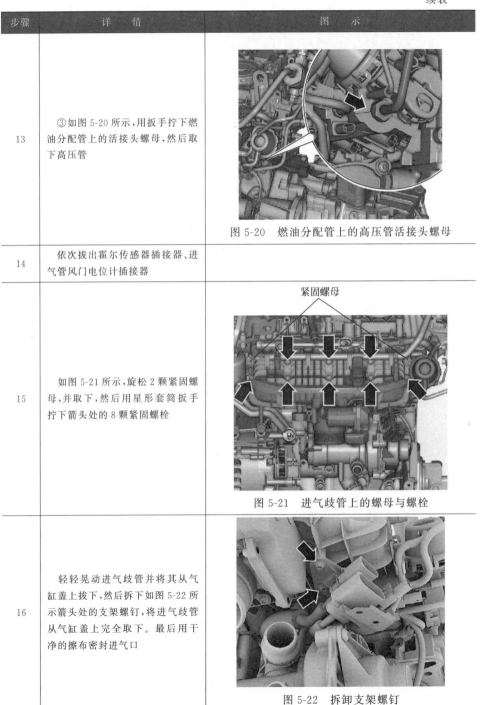 图 5-20 燃油分配管上的高压管活接头螺母
14	依次拔出霍尔传感器插接器、进气管风门电位计插接器	
15	如图 5-21 所示,旋松 2 颗紧固螺母,并取下,然后用星形套筒扳手拧下箭头处的 8 颗紧固螺栓	图 5-21 进气歧管上的螺母与螺栓
16	轻轻晃动进气歧管并将其从气缸盖上拔下,然后拆下如图 5-22 所示箭头处的支架螺钉,将进气歧管从气缸盖上完全取下。最后用干净的擦布密封进气口	图 5-22 拆卸支架螺钉

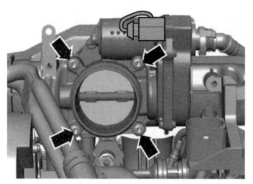

图 5-23　节气门体拆卸

(2) 拆装节气门

这里以 2017 迈腾 1.8/2.0TFSI EA888 第三代发动机为例讲解节气门的拆卸方法。具体步骤可参考进气歧管拆装的步骤的第 1 步至第 7 步。第 7 步拆卸增压空气软管后可看到节气门体的线束连接插头和固定螺栓。如图 5-23 所示,从节气门体上拔下电气线束连接器,拧出图中所示箭头处的 4 个紧固螺栓,便可拔下节气门体。安装时需要更换新的密封圈并按照相反的步骤进行。

(3) 拆装排气歧管

起亚 K5 发动机排气歧管装配情况如图 5-24 所示,拆解过程如表 5-3 所示。

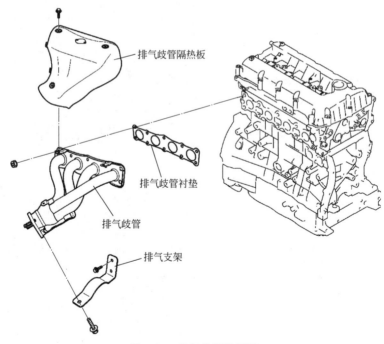

图 5-24　排气歧管装配图

第5章 汽车发动机就车维修及简单器件更换

表5-3 排气歧管拆解过程

步骤	详情	图示
1	打开发动机舱盖,拆卸发动机罩盖	
2	断开蓄电池负极电缆	
3	分离前氧传感器插接器后,拆卸前消声器的2颗紧固螺栓,将前消声器与排气歧管分离	
4	拆卸排气歧管上隔热板以及驱动轴隔热板	
5	拆卸排气歧管支撑的紧固螺栓,并取下排气歧管支撑	
6	拆卸排气歧管8颗紧固螺母,并取下排气歧管和衬垫。排气歧管螺母如图5-25所示	
7	安装时,更换新衬垫,将排气歧管安装到位,先预拧紧螺母,然后用规定扭矩按图5-25所示的顺序拧紧螺母,扭紧力矩为49～53.9N·m	图5-25 排气歧管紧固螺母及扭紧顺序

(4) 拆装多楔带、张紧器以及曲轴皮带轮

大众EA888第三代发动机多楔带装配情况如图5-26所示,拆装过程如表5-4所示。

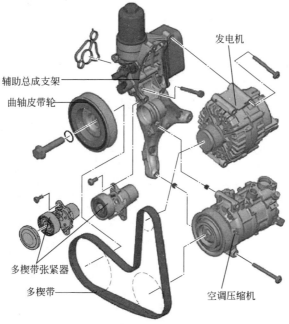

图5-26 大众EA888发动机多楔带装配图

表 5-4　大众 EA888 第三代发动机多楔带拆装

步骤	详情	图示
	多楔带的拆卸和安装	
拆卸	拆卸多楔带前，先用粉笔或有颜色的笔标记出转动方向，以便重新安装时参照 用棘轮扳手按照图 5-27 中箭头所示的方向扳动张紧装置，使张紧装置放松，并用定位棒插入定位孔中使其锁止，松开棘轮扳手张紧装置也不会返回 拆下已经松弛的多楔带	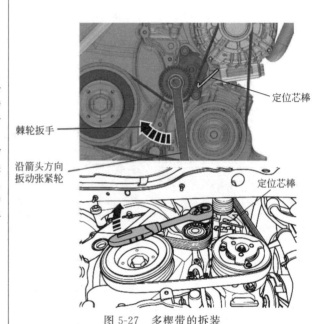 图 5-27　多楔带的拆装
安装	按照先前标记的多楔带转动方向，将多楔带安装在曲轴、张紧器、发电机和空调压缩机皮带轮上，如图 5-28 所示 参照图 5-27，沿箭头方向搬动张紧器并拔出定位棒，使张紧轮恢复张紧功能 检查多楔带是否正常挂上，并启动发动机检查多楔带是否正确运转	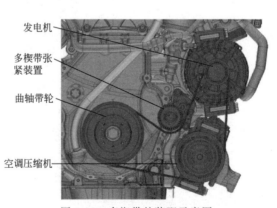 图 5-28　多楔带的装配示意图

续表

步骤	详情	图示
	曲轴皮带轮的拆卸	
	如图 5-29 所示，大众 EA888 第三代发动机的曲轴皮带轮紧固螺栓连接曲轴皮带轮、正时链轮和曲轴。因此在取下曲轴皮带轮紧固螺栓后，应使用定位装置将正时链轮固定在曲轴上	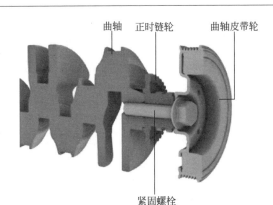 图 5-29　曲轴皮带轮紧固螺栓的装配示意图
1	使用扳手或专用工具将曲轴皮带轮转到如图 5-30 所示的上止点位置，曲轴皮带轮上的切口必须与正时链下盖板上的箭头标记相对，盖板上的标记位于"4 点钟"位置	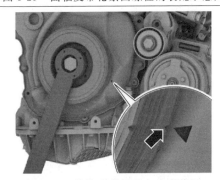 图 5-30　曲轴皮带轮的上止点位置
2	使用固定支架固定曲轴皮带轮，将曲轴皮带轮紧固螺栓松开 1/2 圈	
3	拧出如图 5-31 所示箭头处所指正时链下盖板紧固螺栓，注意拆卸后的螺栓不可再用，安装时更换新螺栓	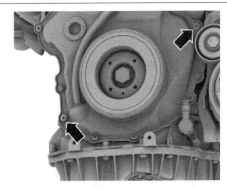 图 5-31　正时链下盖板紧固螺栓

续表

步骤	详情	图示
曲轴皮带轮的拆卸		
4	将定位座如图5-32所示放在曲轴带轮上，然后用螺栓将定位座固定在上一步拆卸的正时链下盖板螺栓孔上	 图5-32 定位座安装在正时链下盖板螺栓孔上
5	完全拆出曲轴皮带轮的螺栓	
6	将专用工具或张紧销拧入曲轴，以固定正时链轮和曲轴，保证正时链轮与曲轴的装配关系不发生位移	
7	拧出安装在正时链下盖板螺孔上的螺栓，取下定位器，然后拆下曲轴皮带轮	

5.2　简单总成拆装与更换及常见故障案例

(1) 高压油泵的拆装与更换及常见故障排除

① 高压油泵的拆装与更换　高压油泵应用在TFSI发动机中，它的作用是将电动燃油泵送过来的燃油加压到150～200bar（$1bar=10^5 Pa$），便于更好地雾化喷射，适应TFSI发动机的工作特点。高压油泵一般由凸轮轴驱动，奥迪Q5、迈腾B8L等车型EA888（1.8/2.0TFSI）发动机高压泵安装位置与装配图如图5-33所示，高压油泵的拆装如表5-5所示。

第5章 汽车发动机就车维修及简单器件更换

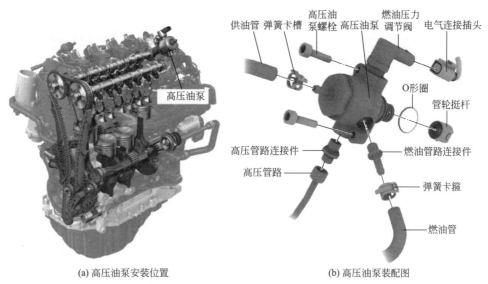

(a) 高压油泵安装位置   (b) 高压油泵装配图

图 5-33 高压油泵安装位置及装配图

表 5-5 高压油泵的拆装

步骤	详情	图示
拆卸:拆卸高压油泵之前,先按照表 5-2 第 13 步释放高压系统燃油压力		
1	拆卸发动机罩,拆卸空气滤清器壳体,断开蓄电池负极连接导线	
2	如图 5-34 所示,脱开空气导管上的电线束,松开螺旋卡箍,拧出箭头所示的螺栓	图 5-34 脱开电线束松开螺旋卡箍

续表

步骤	详情	图示
3	松开如图5-35所示箭头处的软管卡箍,并拆下增压空气软管,再将增压空气软管拆下	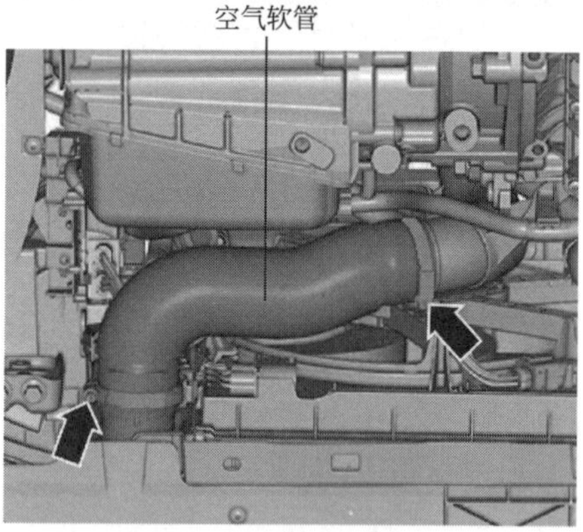 图5-35 增压空气软管拆卸
4	拆下如图5-36所示箭头处的高压管固定夹紧固螺栓	 图5-36 拆卸高压管固定夹紧固螺栓
5	用扳手固定住如图5-37所示的高压管连接件,然后拆下箭头处的活接头螺母,从高压油泵处断开高压管连接	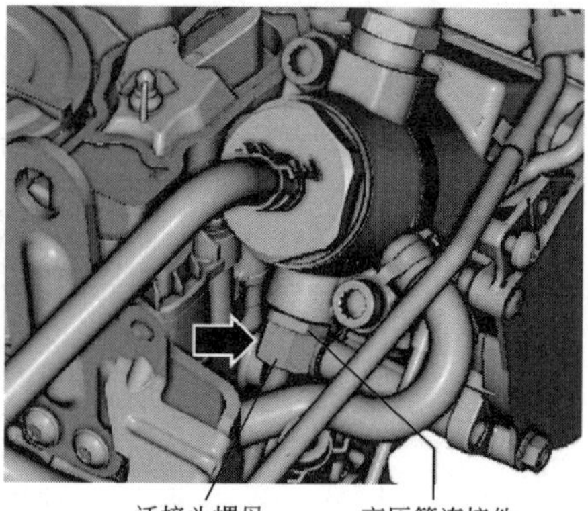 图5-37 断开高压管路

第5章 汽车发动机就车维修及简单器件更换

续表

步骤	详情	图示
6	拔下如图5-38所示燃油压力调节器插接器,拆下燃油软管,拧出箭头处所示的2个紧固螺栓,小心地拔出燃油泵	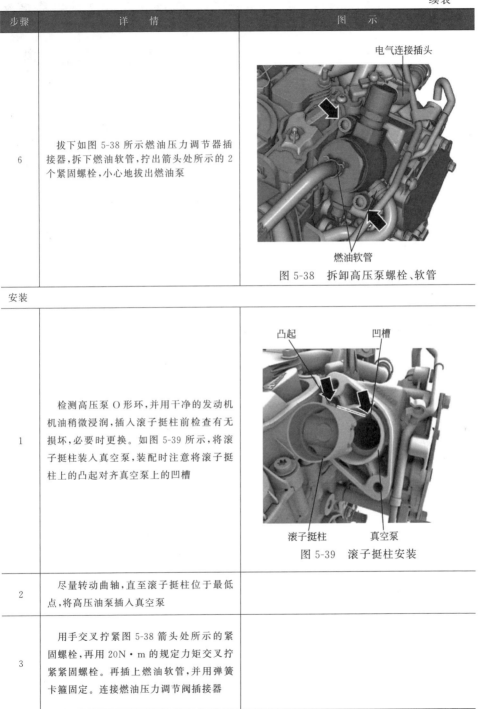 图5-38 拆卸高压泵螺栓、软管
安装		
1	检测高压泵O形环,并用干净的发动机机油稍微浸润,插入滚子挺柱前检查有无损坏,必要时更换。如图5-39所示,将滚子挺柱装入真空泵,装配时注意将滚子挺柱上的凸起对齐真空泵上的凹槽	图5-39 滚子挺柱安装
2	尽量转动曲轴,直至滚子挺柱位于最低点,将高压油泵插入真空泵	
3	用手交叉拧紧图5-38箭头处所示的紧固螺栓,再用20N·m的规定力矩交叉拧紧紧固螺栓。再插上燃油软管,并用弹簧卡箍固定。连接燃油压力调节阀插接器	

续表

步骤	详情	图示
4	用发动机机油浸润高压管路的球头,并安装高压管路,用扳手拧紧如图5-40所示箭头指示的燃油分配器锁紧螺母	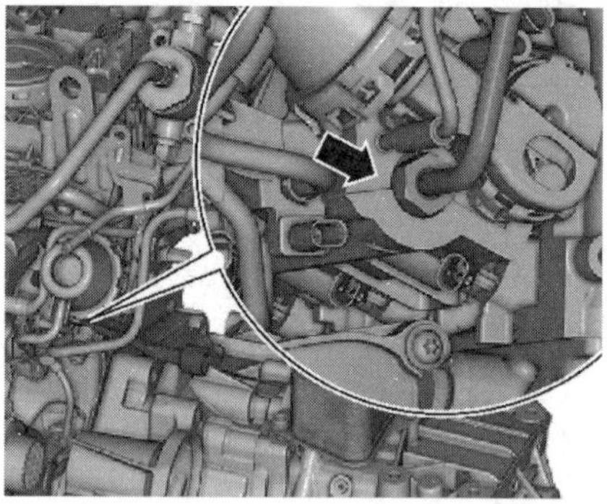 图5-40 燃油分配器上的高压管紧固螺母
5	如图5-37所示,用扳手固定住高压管连接件,再用另一个扳手拧紧高压管的活接头螺母	
6	安装如图5-36所示高压管固定夹,并使用5N·m的力矩拧紧固定夹螺栓	
7	其他安装按照与拆卸顺序相反的步骤进行即可	

② 高压油泵引起的发动机故障 高压油泵故障或未正确安装引发的常见故障案例如表5-6所示。

表5-6 高压油泵引起的常见故障案例

案例一:迈腾B7L高压泵输油管内有异物导致急加速不良仪表EPC灯亮	
故障现象	行驶时发动机有时加速不良,仪表EPC灯报警
故障诊断	用VAS5052A检测,发现发动机控制单元有故障码"P0087 燃油油轨/系统压力过低,静态"。消除故障码,急加速行驶一段路程后,故障码再现
原因分析	根据故障码判断导致该故障的可能原因如下 ①低压燃油管路 ②电子油泵及滤清器 ③油泵控制器,供电及线路 ④燃油压力调节阀N276及线路 ⑤发动机控制单元

第5章 汽车发动机就车维修及简单器件更换

续表

故障排除	出现该故障码,表示油泵控制器、油泵及高压泵损坏的故障率比较常见。首先更换电子油泵和油泵控制器,试车故障依旧。发动机抖动最高转速达不到3000r/min。出现故障时读取发动机高压系统压力;01-08-140组3区显示发现故障出现时高压压力只有4bar,正常车辆高压为50~150bar。检查低压系统油为6bar左右,排除低压燃油系统的故障,确定故障出在高压油路 导致燃油供给系高压不能建立的可能原因:凸轮轴驱动装置损坏、高压泵及输油管堵塞故障,低压燃油系统过低,高压泵燃油调节阀及线路故障,发动机控制单元故障。正常车辆将燃油调压阀N276拔掉,高压油压在7bar左右,检查凸轮轴驱动凸轮正常,没有任何变形与异常磨损,该车出现故障时高压压力只有4bar,低于低压燃油压力,怀疑高压泵进油口堵塞,更换高压泵后故障依旧。最后故障集中在高压泵输油管单向阀上,拆下高压泵输油管准备检查单向阀是否损坏时发现,在高压泵输入口处发现有一个圆锥形铁块 取出铁块后检查单向阀工作正常,重新安装高压泵输油管,试车故障排除
案例二:奥迪A4L高压泵引起加速无力耸车	
故障现象	奥迪A4L 2.0T加速无力,并伴有耸车现象
故障排除	①用VAS6150B检测,1~4缸失火。更换点火线圈、火花塞、喷油嘴后进行试车,故障依旧存在 ②测量其燃油压力低压端为4.5kPa,正常,高压保持阶段数值有下降趋势;着车读取高压数据流怠速时为50kPa左右,好像略有偏高,同样的车应为40kPa左右;加速过程中油压没什么区别 ③点火与喷油都正常按理论上分析:加速无力,有可能是油质和供油问题,根据高压油压的一些异常,拆下高压油泵发现油泵回位弹簧和柱塞有被汽油侵蚀过的痕迹,工作原理上此处是需要机油润滑的,因此故障原因是高压油泵内部密封不严燃油内泄。更换高压油泵后试车,故障排除
案例三:奥迪Q5 2.0T高压泵液压挺柱故障造成发动机启动困难(启动时间长)	
故障现象	发动机启动困难,需要连续启动并且每次都要启动较长的时间
故障排除	用VAS5052A检测,发动机等各系统均没有故障码,检查油电路(油压)、蓄电池、启动线路、气缸压力,正常,替换火花塞、燃油泵、水温传感器、E415,故障依旧,最后拆检燃油高压泵发现液压挺杆的轴承有松扩发卡现象,更换液压挺杆,故障排除 由于液压挺杆的轴承有松扩发卡现象,车辆在启动时驱动高压泵的行程变短,而导致高压系统的油压瞬间供油不足,因此发动机难启动

(2) 废气涡轮增压器的拆装及常见故障的排除

这里以奥迪A6L 2.0TFSI(EA888)发动机为例介绍涡轮增压器的拆装。废气涡轮增压器是利用废气推动涡轮带动压缩机叶轮给进气系统提供进气压力的装置,废气涡轮增压器构造如图5-41所示。奥迪A6L车型废气涡轮增压器的就车拆装步骤如表5-7所示。涡轮增压器故障排除案例如表5-8所示。

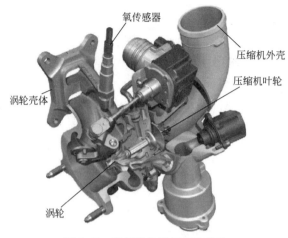

图 5-41 废气涡轮增压器的构造

标注:氧传感器、压缩机外壳、压缩机叶轮、涡轮壳体、涡轮

表 5-7 奥迪 A6L 车型废气涡轮增压器的拆装

步骤	详 情	图 示
1	举升车辆拆下下部发动机护板,排出冷却液。注意步骤 1~5 均在车辆举升的情况下进行	
2	松开如图 5-42 所示箭头指示的空气导流管软管卡箍,拔下空气导流管并转到旁边	图 5-42 拆下空气导流管
3	拧出前消声器固定螺栓,松开如图 5-43 所示箭头处的螺栓连接,并将夹套向后推,将前消声器略微降低并错开,然后用扎带和排气管固定在一起	图 5-43 消声器夹套

续表

步骤	详情	图示
4	如图5-44所示,从车下拧下螺母2,螺母1在此步骤不拧下	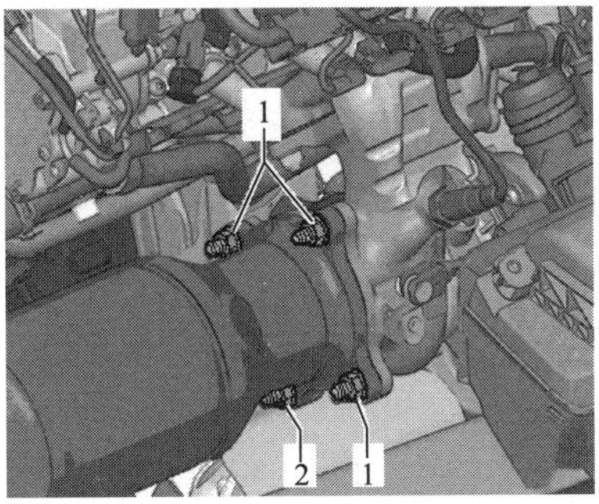 图5-44 从下面拧下螺母2
5	如图5-45所示,拧出机油回流管固定螺栓1,将支架的紧固螺栓2拧松两圈,不要取下	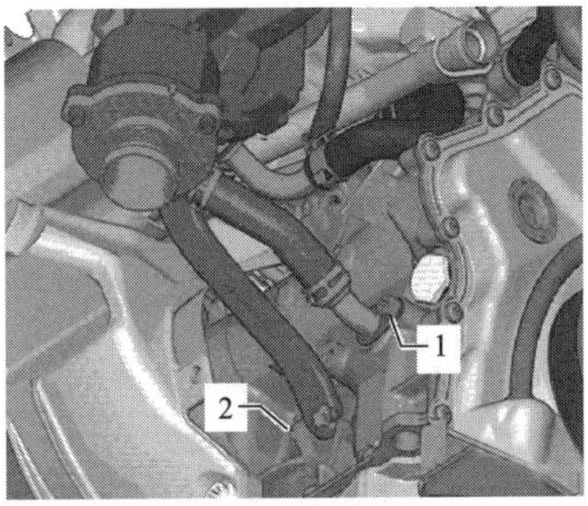 图5-45 拆机油回油管固定螺栓
6	降下车辆,拆下发动机盖板,断开蓄电池负极连接导线,拆卸空气滤清器壳体	
7	如图5-46所示,从支架上取出并脱开氧传感器2的插接器1	
8	将曲轴箱排气管的紧固螺栓从废气涡轮增压器上拧出	
9	断开增压压力调节器、涡轮增压器循环空气阀的插接器	图5-46 断开氧传感器插接器

续表

步骤	详情	图示
10	在发动机舱内旋出图5-44中所示的螺母1,并向后推三元催化净化器	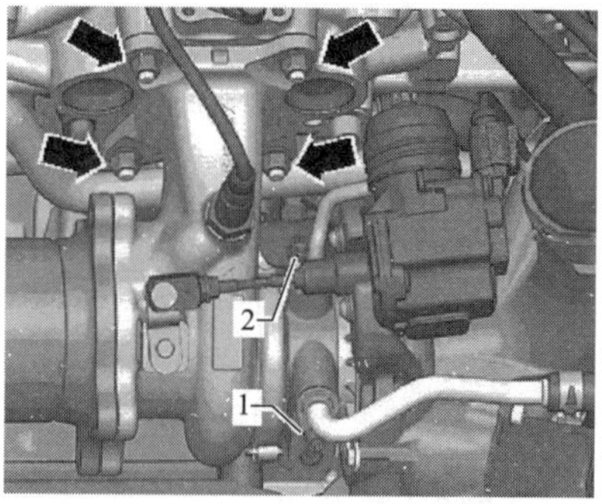
11	拆卸前氧传感器处的排气管隔热板紧固螺栓,并将隔热板取下	
12	如图5-47所示,拧出冷却液回流管路紧固螺栓1并取下;旋出进油管路螺栓2,并取下进油管。最后拧出并取下箭头所指示的螺母	图5-47 拆进、回油管螺栓
13	将如图5-48所示的冷却液进液管路的紧固螺栓1拆出,并拔下冷却液进液管路2,沿图中箭头方向将涡轮增压器拔离双头紧固螺栓,并向上取出涡轮增压器	 图5-48 拆下涡轮增压器

表5-8 涡轮增压器故障的排除

	案例一:奥迪A4L2.0T售前检查发现急加速无力
故障现象	奥迪A4L新车售前检查时发现车辆存在急加速无力现象
故障排除	连接诊断系统发现两个故障码 P029900 增压压力没有达到控制极限,静态故障 U111300 由于接收到错误数值而功能受限,主动静态 此车是PDI车辆,根据故障码检查涡轮增压系统,读取数据流增压压力,相比其他车压力较低。举升车辆检查增压管路无漏气部位,拆下涡轮增压器下部软管,急加油时涡轮增压器出气量较小,于是拆检涡轮增压器,拆下后却从涡轮增压器进气口里边倒出一颗螺钉,还发现一些金属屑。更换涡轮增压器后故障排除

第 5 章　汽车发动机就车维修及简单器件更换

续表

案例二：增压压力电磁阀引起 A6L 车辆启停功能无法使用

故障现象	新车，刚行驶 300km 出现启停功能无法使用的故障	
故障排除	连接诊断系统检测有故障码 P02340　增压压力控制高于控制界限值 目测发现增压压力电磁阀 N75 连接真空管部位折断（图 5-49）。造成发动机里有故障码存储导致启停功能无法使用！更换后故障排除	图 5-49　连接真空管折断

(3) 喷油器的更换及常见故障排除

奥迪 Q5、迈腾 B8L 等车型 EA888（1.8/2.0TFSI）发动机采用了高低压双重喷射的方式，高压喷油器直接将雾化的燃油喷入气缸内，低压喷油器则在进气歧管内完成燃油喷射。高低压喷油器的装配示意如图 5-50 所示。高低压喷油器的拆装如表 5-9 所示。常见故障的排除如表 5-10 所示。

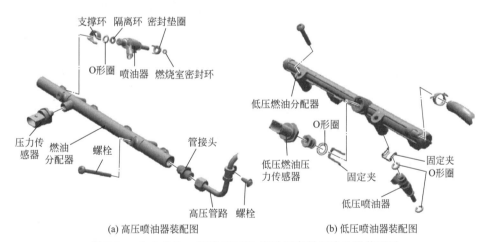

(a) 高压喷油器装配图　　(b) 低压喷油器装配图

图 5-50　大众奥迪、迈腾 EA888 发动机高低压喷油器装配图

表 5-9　高低压喷油器拆装

步骤	详情	图示
喷油器的拆卸		
	低压喷油器的拆卸参见表 5-2；高压喷油器的拆卸首先参见表 5-2，将进气管拆下，然后按照下面的步骤进行	

续表

步骤	详情	图示
1	剪断如图 5-51 所示的燃油分配器上的电线扎带,安装时使用新的扎带	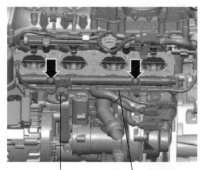 图 5-51 燃油分配器上的扎带
2	断开如图 5-52 所示的燃油压力传感器插接器,拧出图中箭头所示的螺栓,脱开燃油分配器上的导线槽,轻轻晃动燃油分配器,将燃油分配器和喷油器从气缸体上取下	图 5-52 燃油压力传感器、分配器的拆卸

喷油器的安装

喷油器安装注意事项:直喷喷油器必须能轻轻装入,必要时要等燃烧室密封环足够紧地压在一起,如果无法手动安装进气缸体,则可使用冲击套筒

步骤	详情	图示
1	安装喷油器时将喷油器上的凸耳和气缸内的孔相互对其,如图 5-53 所示	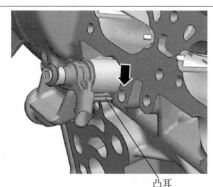 图 5-53 喷油器安装位置定位

第 5 章　汽车发动机就车维修及简单器件更换

续表

步骤	详情	图示
2	压下喷油器时,可将冲击套筒套在喷油器上部,并用橡胶锤敲击几下	
3	将支撑环插在喷油器上,喷油器的 O 形圈上涂上发动机机油,再将燃油分配器装在喷油器上并均匀地压入 其余部件的安装顺序按照和拆卸顺序相反的步骤安装	

表 5-10　喷油器常见故障的排除

案例一:奥迪 A6L 3.0T 发动机喷油器泄漏导致发动机舱有汽油味

故障现象	车主在保养时反映发动机舱有汽油味
故障排除	经检查发动机舱燃油管路无漏油现象,经拆检后发现 3 号缸喷油嘴处漏油,进一步拆检 3 号缸喷油嘴后发现 3 号缸喷油嘴上底部卡垫没有安装(图 5-54),由此造成 3 号缸喷油嘴无法与导轨紧密配合,并且造成密封垫损坏,导致漏油。经检查此车发动机未曾拆装维修过,确认为喷油嘴在装配时未安装卡垫最终导致故障

图 5-54　无卡垫

案例二:奥迪 Q73.0TDI 发动机喷油器长通导致无法启动

故障现象	正在行驶时突然发动机抖动,排气管冒浓烟,熄火后无法再次启动
故障排除	在排除加错燃油的问题后,用 5052 检测发现有燃油共轨系统压力过低故障 共轨系统压力过低故障的可能原因在高压泵、燃油压力调节阀、压力传感器、喷油头等部位 根据以前的维修经验初步判断是高压油泵的问题,经拆检没有明显的故障(铁销)。在拆检高压泵时还发现 4 号缸进气门处比其他缸都湿,拆检 4 号缸喷油器发现是长通的,4 号缸喷油器泄漏导致油轨压力低。更换 4 号缸喷油器后故障排除

(4) 更换点火线圈/火花塞

点火线圈是将蓄电池或发电机输出的低压电转变为高压电的升压装置；火花塞的功用是将点火线圈产生的脉冲高压电引入燃烧室，并在中心电极与侧电极之间产生电火花，以点燃可燃气。

大众、奥迪新款车型装配的EA888（1.8/2.0TFSI）发动机采用单缸独立点火，每个气缸单独一个点火线圈，点火线圈/火花塞装配情况如图5-55所示，大众迈腾2017款EA888发动机点火线圈/或活塞拆装流程如表5-11所示。

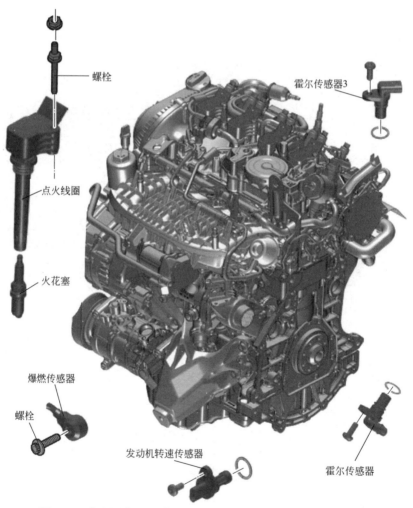

图5-55 大众迈腾2017款EA888发动机点火线圈/火花塞装配图

第5章 汽车发动机就车维修及简单器件更换

表 5-11 点火线圈/火花塞拆装

步骤	详情	图示
1	拆卸发动机罩	
2	拆下如图5-56所示箭头处的螺母，取下接地线	 图 5-56 取下接地线
3	断开4个气缸点火线圈插接器，如图5-57所示	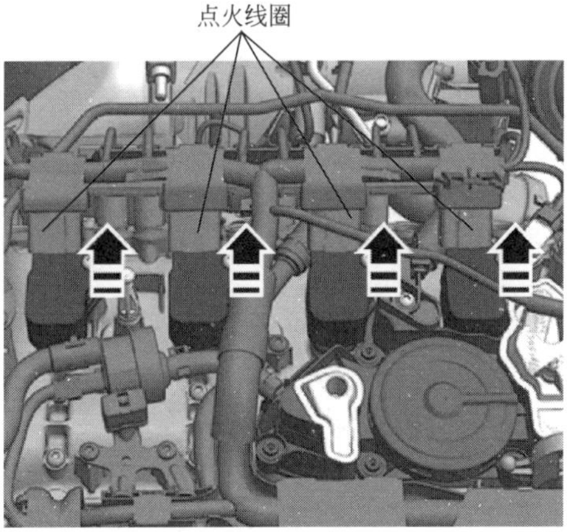 图 5-57 断开点火线圈插接器
4	用手轻轻晃动火花塞并向上轻轻拔起点火线圈，也可使用专用的拔起器	
5	使用火花塞扳手旋出火花塞	

续表

步骤	详情	图示
	点火线圈安装注意事项:将火花塞用火花塞扳手按照规定扭矩安装好后。在如图5-58所示箭头处的点火线圈密封软管四周涂上一层薄薄的硅酮膏。用手将点火线圈均匀地压在火花塞上,不可以使用敲击工具敲击,最后以10N·m的力矩拧紧点火线圈固定螺栓	图5-58 点火线圈密封圈涂上硅酮膏

(5) 更换节温器

节温器是发动机冷却系统开启大小循环的关键器件,节温器工作不正常会导致冷却效果降低。这里以起亚K5发动机为例介绍节温器的拆装及检查,节温器装配情况如图5-59所示,拆装及检测如表5-12所示。

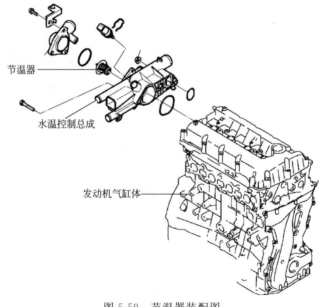

图5-59 节温器装配图

表 5-12 节温器拆装及检测

步骤	详情	图示
1	排放发动机冷却液,使水位降至节温器以下	
2	分离散热器下部软管,如图 5-60 所示	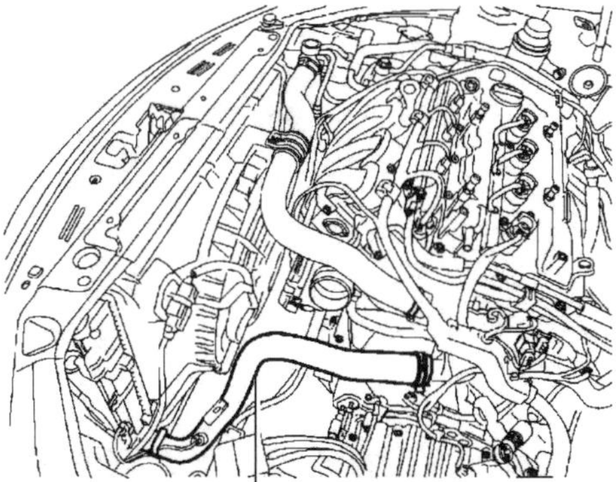 散热器下部软管 图 5-60 分离散热器下部软管
3	拆卸进水管配件、衬垫和节温器,如图 5-61 所示	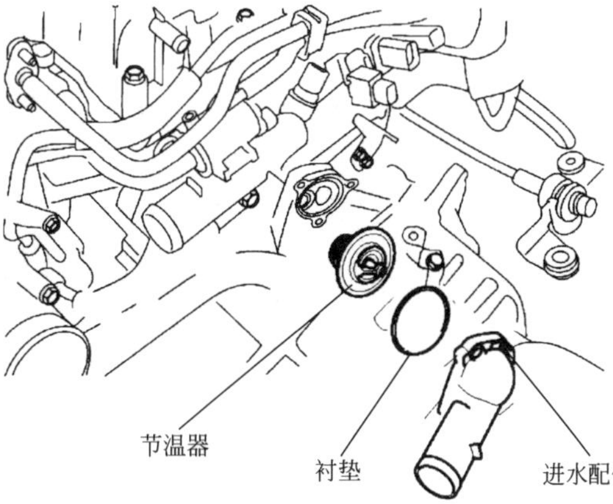 节温器　衬垫　进水配件 图 5-61 拆卸节温器

(6) 冷却液泵的拆装及常见故障的排除

大众、奥迪新款车型上采用的 EA888 第三代发动机采用了创新型热能管理系统,可以实现发动机温度可变调节,对冷却液液流进行目标控制。发动机温度调节执行器中安装有冷却液泵,并可以单独拆卸,发动机温度调节执行器通过螺钉固定在气缸盖下方的进气侧曲轴箱上,如图 5-62 所示。冷却液泵的拆装如表 5-13 所示,冷却液泵故障的排除如表 5-14 所示。

图 5-62 大众 EA888 发动机温度调节执行器安装位置

表 5-13 大众 EA888 发动机冷却液泵的拆装

步骤	详情	图示
1	排出冷却液;拆卸空气滤清器壳体	
2	拧出空气导管下部件的左右 2 个紧固螺栓,取下空气导管的下部件	
3	松开增压空气软管的卡箍,并向下将增压空气软管拆下,见图 5-35	
4	脱开空气导管上的电线束固定卡,松开螺旋卡箍,拧出箭头所示的螺栓(参照图 5-34),取下增压空气导管	
5	拔出如图 5-63 所示的固定夹,并将上部冷却液接头拔出再推到一侧	图 5-63 上部冷却液接头拆卸
6	如图 5-64 所示,脱开油压开关(3 挡)插接器,拆下油压开关(3 挡),拧出箭头所示紧固螺栓,取下齿形皮带护罩	图 5-64 拆齿形皮带护罩

续表

步骤	详　情	图　示
7	用固定支架反向把持住曲轴皮带轮	
8	拆卸冷却液泵驱动轮,注意:冷却液泵驱动轮紧固螺栓为左旋转螺纹,拆卸时应向与之前其他螺栓相反的方向转动 用扭力扳手和套筒扳手接头松开冷却液泵驱动轮上的螺栓,并转动3圈旋出,最后取下齿形皮带,如图5-65所示	 螺栓　套筒扳手接头　齿形皮带 图5-65　拆卸齿形皮带
9	脱开周围连接在冷却液泵壳体上的线束卡子和线束固定支架,并将线束置于一旁	
10	按照图5-66所示顺序拆卸冷却液泵壳体上的4颗紧固螺栓,将冷却液泵从发动机温度调节执行器上拆下,可用橡胶锤敲击松动后再用手取下	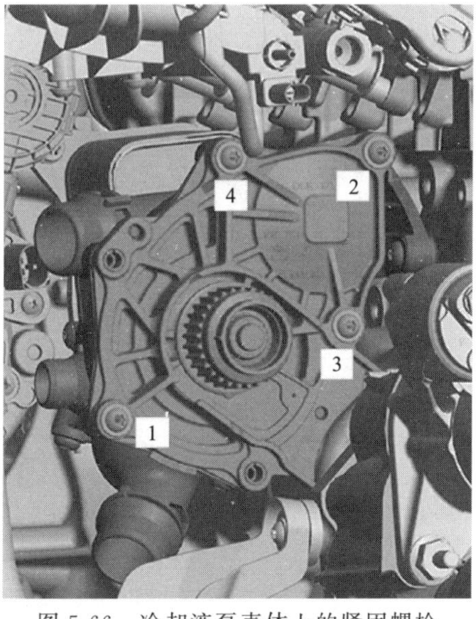 图5-66　冷却液泵壳体上的紧固螺栓

续表

步骤	详情	图示
	冷却液泵安装注意事项： ①安装按照拆卸相反的顺序进行 ②安装冷却液泵时注意如图5-67中箭头指示的中心定位位置及密封圈的正确位置 ③挂上齿形皮带后按照图5-66所示的顺序拧紧冷却液泵的4颗紧固螺栓	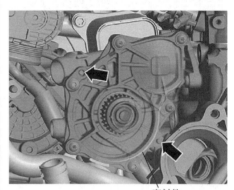 密封件 图5-67 冷却液泵中心位置及密封圈正确位置

表5-14 冷却液泵引起的故障的排除

案例：发动机冷却液温度过高报警

故障现象	车辆启动后不久，仪表板上一直出现冷却液温度过高报警提示	
故障排除	①5052检测无相关故障码 ②车辆无漏水现象 ③检测膨胀箱正常，液位传感器正常 ④重新加入防冻液后试车，发现水温过高，导致防冻液从膨胀箱中溢出 ⑤怀疑节温器打不开导致水温过高，从而导致防冻液从膨胀箱中溢出 ⑥更换节温器试车一段时间后故障再现。于是拆检水泵发现水泵皮带不动 ⑦拆检发动机正时链条发现水泵驱动轮螺钉未紧固，导致齿轮打碎（图5-68） 更换并重新安装水泵，并检查正时链条没有损坏后装车，再试车确认故障排除	 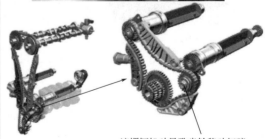 该螺钉松动导致齿轮移动打碎 图5-68 齿轮打碎

第5章 汽车发动机就车维修及简单器件更换

(7) 拆卸机油泵

大众、奥迪新款车型上采用的EA888第三代发动机油底壳及机油泵装配如图5-69所示，拆装如表5-15所示，润滑系统常见故障的排除如表5-16所示。

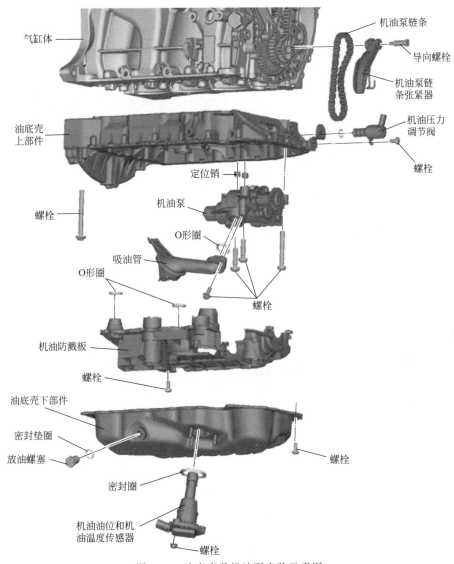

图5-69 油底壳及机油泵安装示意图

表 5-15 机油泵拆装

步骤	详情	图示
1	举升车辆,拆卸发动机下方的护板,将废油收集器放置于发动机下方,然后排尽发动机机油	
2	按照如图 5-70 所示的顺序拆下油底壳 20 颗紧固螺栓,并取下油底壳	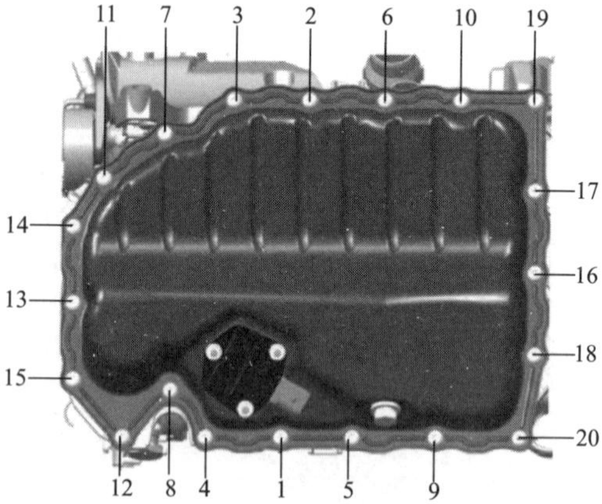 图 5-70 油底壳紧固螺栓拆卸顺序
3	拆下机油防溅板紧固螺栓,并取下机油防溅板	
4	用螺钉旋具或装配工具(专用工具)按照图 5-71 所示箭头方向拉动链条张紧装置的弹簧,然后将锁销的锁芯插入链条张紧器装置的孔中,使其锁止,以松弛驱动链条	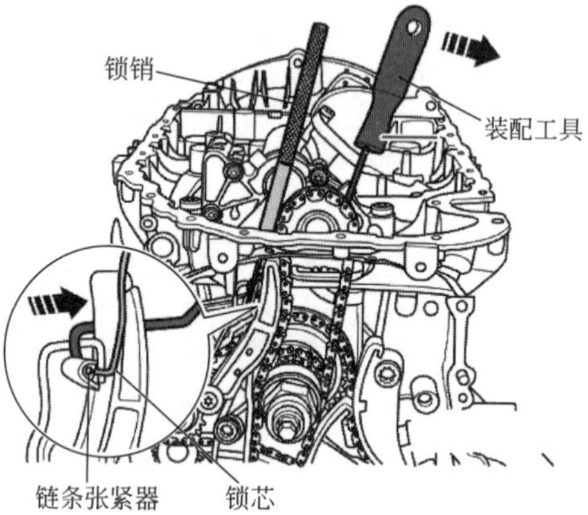 图 5-71 松弛驱动链条
5	拧出机油泵的 3 颗固定螺栓,取下机油泵	

步骤	详情	图示
	机油泵安装时大致以拆卸相反的顺序进行，需要注意以下几点： ①确认用于机油泵定心的两个定心套完好 ②安装机油泵前，检查吸油管中的滤网和油底壳上部中的回油孔是否有脏污 ③将机油泵链轮导到传动链中，然后安装机油泵 ④如图 5-72 所示，用螺钉旋具或装配工具(专用工具)沿箭头方向拉动链条张紧装置弹簧，取下锁销，检查弹簧是否回到安装位置	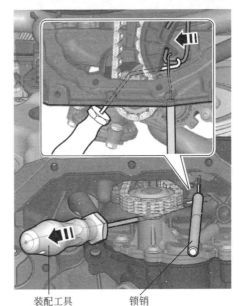 图 5-72 使链条张紧器恢复张紧力

表 5-16 润滑系统常见故障的排除

案例一：奥迪 Q5 2.0T 机油灯报警

故障现象	Q5 2.0T 车辆保养更换机油滤清器后机油灯报警	
故障排除	因为此车来之前没有问题，所以怀疑机油滤清器有问题。更换一个新机油滤清器后，故障没有排除。再次拆下机油滤清器后发现，机油滤清器下的一个堵销没有了，将堵销安装后排除(图 5-73)	图 5-73 堵销

续表

案例二：奥迪Q7间歇出现机油压力不足报警		
故障现象	奥迪Q7仪表板间歇出现红色机油压力不足报警	
故障排除	①此类故障多发生在车辆为新车状态,车辆尚未进行首次保养时 ②此类故障车辆发动机控制单元中多数时候会记录"05709 P164D 000用于机油压力减小的机油压力开关故障"信息 ③执行系统测试计划,检查机油泵压力调整开关F378连接插头正常,测量F378处机油压力比正常值低,测量主油道机油压力开关F22处机油压力符合正常工作状态要求 ④结合维修手册分析确认在F22与F378之前部件仅有机油滤清器底座及机油滤清器 ⑤拆下机油滤清器,检查发现机油滤芯存在顺时针扭曲变形、高度变矮情况 此类故障在经销商处已发生多例,且均发生在车辆新车状态,且机油滤芯变形痕迹与滤芯壳体罩盖旋紧转动方向一致。这是因为机油滤清器在安装时未完全插入到底,导致旋紧壳体罩盖时带动机滤旋转,并且机滤受到挤压变形,最终影响到机油压力保持情况,出现F378处测量压力不足情况(图5-74)	 机油滤清器变形情况  新旧机油滤清器对比  图5-74 机油滤清器

案例三：奥迪Q5机油压力开关导致EPC等偶尔报警		
故障现象	EPC灯偶尔报警,熄火后重新着车,EPC灯熄灭,行驶一切正常,当故障出现时,仪表报警,提速无力,此故障大多发生在40～50mile/h (1mile=1609.344m)的车提速时	

第5章 汽车发动机就车维修及简单器件更换

续表

故障排除	根据故障引导测试,有机油压力开关F22的故障,偶发,测试机油压力开关正常,此时用电脑VAS5052A去做路试,发现机油压力转换阀与机油压力开关之间的关系不对应(图5-75)。当机油压力转换阀启动即由低压转换到高压时,高压压力开关应该由关闭转变为打开,以回馈给电脑机油泵和机油压力都正常,发动机可以正常高转速工作,反之则限制发动机进入高转速区域,造成提速无力,EPC灯报警。而此车机油压力转换阀启动时,高压压力开关还是处于关闭状态 更换机油压力开关F22后故障排除	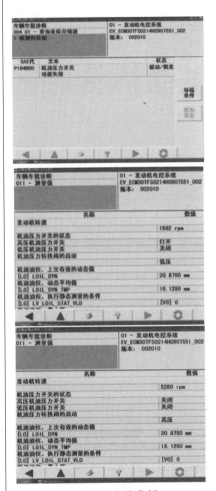 图5-75 电脑分析

83

第6章

发动机传感器的拆装及更换

6.1 发动机传感器概述

发动机传感器是发动机控制单元的触角,能感知发动机各个系统的运行工况,发动机控制单元根据这些信号对发动机运行工况做出合理的调整,以应对不同工况的需求。

发动机基本传感器有曲轴位置/发动机转速传感器、凸轮轴位置传感器(也叫相位传感器、霍尔传感器)、进气温度/压力传感器、冷却液位置传感器、爆燃传感器、进气温度/压力传感器等。发动机电控单元传感器的多少和发动机的功能和配置有关,如目前流行的 TFSI(涡轮增压、缸内直喷)发动机就增加了增压压力传感器、燃油压力传感器等。

如图 6-1 所示是福特蒙迪欧发动机控制单元传感器执行器的组成,这款发动机没有配备缸内直喷和涡轮增压。

6.2 发动机主要传感器的拆装(以迈腾 B8L/高尔夫 A7 第三代 EA888 1.8/2.0TFSI 发动机为例)

(1) 冷却液传感器的拆装

冷却液温度传感器一般安装在冷却液分流管上,它将冷却液信息发送给发动机控制单元。部分车型在散热器出口的管路上还安装了散热器出口冷却液温度传感器,用于测量散热器出口的冷却液温度。通过比较两个传感器信号来控制散热器风扇的工作。冷却液温度传感器和散热器出口温度传感器的安装位置如图 6-2 所示。冷却液温度传感器的拆装如表 6-1 所示。

第 6 章 发动机传感器的拆装及更换

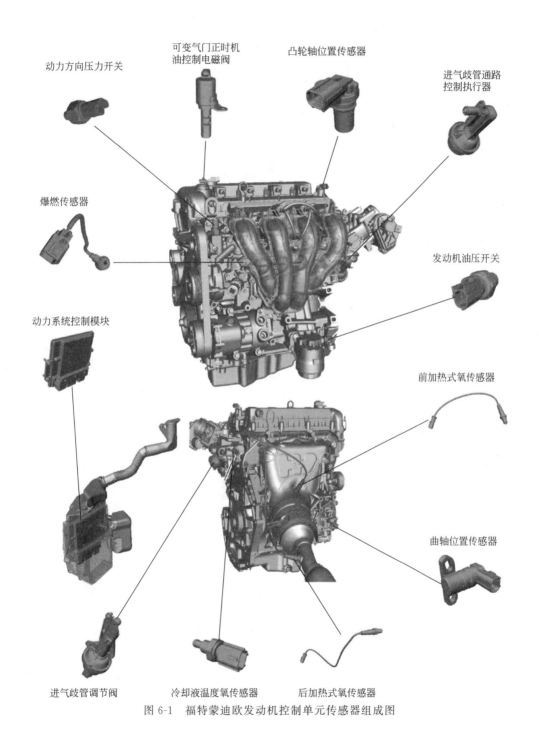

图 6-1 福特蒙迪欧发动机控制单元传感器组成图

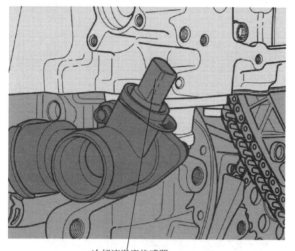

(a) 冷却液温度传感器安装位置　　(b) 散热器出口处冷却液温度传感器

图 6-2　冷却液温度传感器及散热器出口处冷却液温度传感器的安装位置图

表 6-1　冷却液温度传感器的拆装与更换

步骤	详情	图示
	冷却液温度传感器的拆装	
1	冷却液温度传感器的拆装更换应在冷机的状态下进行。为消除冷却系统中的剩余压力,应短时间打开冷却液膨胀罐的密封盖,然后重新旋上直至卡止	
2	按照表 4-4 所示的顺序拆下空气滤清器壳体	
3	松开如图 6-3 所示的软管卡箍,拧下紧固螺栓,将左侧空气导管轻轻向左按压	图 6-3　左侧空气导管

第6章　发动机传感器的拆装及更换

续表

步骤	详　情	图　示
4	脱开如图6-4所示的冷却液温度传感器插接器,拧出紧固螺栓,取下冷却液温度传感器	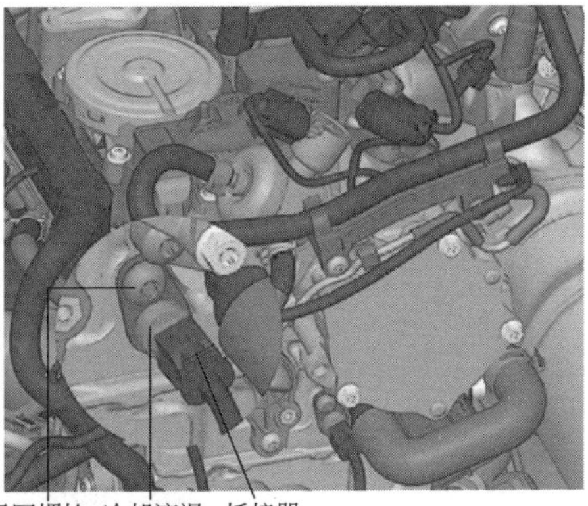

图6-4　拆卸冷却液温度传感器

安装注意事项:为了避免冷却液流失,必须将新的冷却液温度传感器立刻插入管路中,同时要更换新的O形圈,其余安装步骤按照与拆卸相反的步骤进行即可。安装完成后要检查冷却液液位

散热器出风口处冷却液温度传感器的拆装与更换

步骤	详　情	图　示
1	散热器出风口处冷却液温度传感器的拆装更换也应在冷机的状态下进行。为消除冷却系统中的剩余压力,应短时间打开冷却液膨胀罐的密封盖,然后重新旋上直至卡止	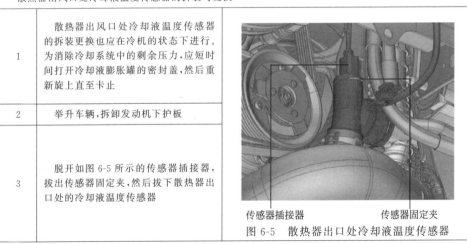
2	举升车辆,拆卸发动机下护板	
3	脱开如图6-5所示的传感器插接器,拔出传感器固定夹,然后拔下散热器出口处的冷却液温度传感器	

图6-5　散热器出口处冷却液温度传感器

安装注意事项:为了避免冷却液流失,必须将新的冷却液温度传感器立刻插入管路中,同时要更换新的O形圈,其余安装步骤按照拆卸相反的步骤进行即可。安装完成后要检查冷却液液位

(2) 增压压力传感器的拆装

增压压力传感器一般和进气温度传感器制成一体,通过螺钉拧紧在压力管路上。此压力管路位于节气门组件的前方,传感器检测此区域内的压力和温度。发

动机控制单元使用来自增压压力传感器的信号并对涡轮增压器的增压压力进行调节。增压压力的调节是通过电子增压定位器进行的。带有进气温度传感器的增压压力传感器安装位置如图 6-6 所示。增压压力传感器的拆装更换如表 6-2 所示。增压压力传感器故障排除如表 6-3 所示。

图 6-6 带有进气温度传感器的增压压力传感器

表 6-2 增压压力传感器的拆卸与更换

1	将车辆举升,拆下发动机下护板
2	在车底脱开如图 6-7 所示的传感器插接器,拧下紧固螺栓,然后将增压压力传感器从空气管上拔出
安装注意事项:更换传感器 O 形圈,安装顺序按照与拆卸相反的顺序进行	

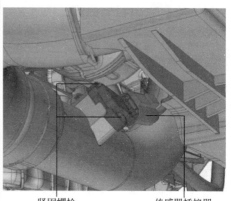

图 6-7 增压压力传感器

表 6-3 增压压力传感器引发的故障排除

案例:增压压力传感器故障导致发动机故障灯亮,发动机轻微抖动		
故障现象	奥迪 A4L 1.8T 发动机故障灯亮,并且发动机出现轻微抖动现象	

续表

故障排除	①连接诊断系统对车辆进行检测有增压压力不可靠信号故障码 ②读取相应数据块,怠速状况下增压压力传感器 G31 的压力为 87.3kPa,空气压力传感器 F96 的压力为 102kPa。根据故障导航提示接通点火开关,不发动的情况下两个压力基本是接近的,怠速时 G31 的数值要高于 F96 的。G31 的压力低于 F96 的压力可能是 G31 不好,发动机电脑不好 ③断开节气门管路猛踩油门能明显感到压力很足,可以排除管路堵的情况。从别的车上倒换一个 G31 装上后故障还是一样,数据还是跟原来的一样。更换发动机电脑板后故障还是存在 ④之前怀疑过 G31 不好,询问备件管理员,给出的答复是和 2.0T 发动机备件相同,所以当时更换的也是 2.0T 的,后来又根据 ETKA 查了,带 G 的是针对 CCU 发动机使用的,找了 1.8T 的车对比确实是不一样的,如图 6-8 所示 更换增压压力传感器 G31 后故障排除	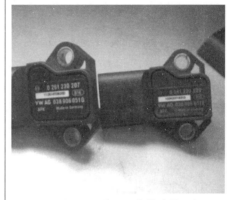 图 6-8 增压压力传感器

(3) 进气歧管压力/温度传感器的拆卸与更换

带进气温度传感器的进气歧管压力传感器通过螺钉拧紧到增压空气冷却器后方的进气歧管上,如图 6-9 所示。传感器检测此区域内的压力和温度。

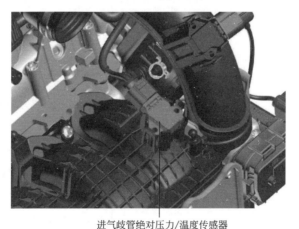

进气歧管绝对压力/温度传感器

图 6-9 进气歧管绝对压力/温度传感器的安装位置图

发动机控制单元使用来自两个传感器和发动机转速的信号,以计算进入的空气量。传感器拆卸与更换如表6-4所示。进气压力传感器故障排除如表6-5所示。

表6-4　进气歧管压力/温度传感器的拆卸与更换

步骤	详情	图示
1	打开发动机舱盖,拆卸发动机罩	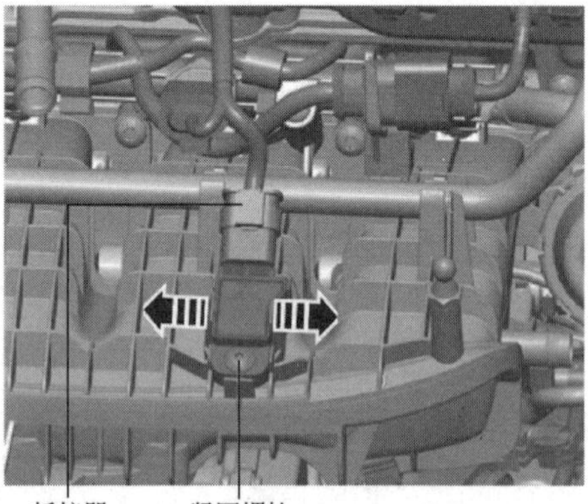
2	脱开如图6-10所示的传感器插接器,旋出紧固螺栓,按图中所示箭头方向松开卡子,从进气歧管上拔下进气歧管压力/温度传感器	
3	安装按照与拆卸相反的顺序进行即可	

图6-10　进气歧管绝对压力/温度传感器

表6-5　进气压力/温度传感器的故障排除

故障:大众捷达汽车在怠速时发动机转速突然上升

故障现象	在怠速时,发动机转速有时突然升至1200r/min,然后又降至800r/min,反复几次	
故障诊断	①使用VAS 5051查询发动机管理系统,控制单元内有故障码:"17547 离合器开关不可靠信号偶发" ②检查离合器开关线路,正常。更换新离合器开关,故障未排除 ③初步分析此种情况可能为进气系统漏气导致,故对进气系统进行检查,未发现进气歧管漏气 ④使用VAG 1381汽油压力表检测汽油压力。怠速时油压为2.5bar,加油时达到3.0bar,正常 ⑤检查点火系统,正常 ⑥检查凸轮轴位置传感器、进气压力传感器、节气门,未发现异常 ⑦使用VAS 5051读取发动机10-08-04组数据流,发现进气压力在290～340mbar之间不停跳动变化,互换进气压力传感器,故障依旧;怀疑故障可能在发动机线束或发动机电脑本身,采用模拟法抖动进气压力传感器插头的线束,该车怠速转速突然上升至1500r/min,于是剥开线束,检查发现进气压力传感器的线束铜丝部分断裂,外面的绝缘层没有断裂。修复后故障排除,如图6-11所示	图6-11　进气歧管压力/温度传感器

第6章 发动机传感器的拆装及更换

续表

故障分析	由于进气压力传感器的线束铜丝部分断裂,外面的绝缘层没有断裂,使断裂的铜丝没有完全断开导致接触不良产生信号偏差,导致发动机怠速突然提升	

(4) 燃油压力传感器的拆装

大众 EA888 1.8/2.0T 发动机采用双喷射系统,高压直喷喷油器直接将燃油喷射到气缸内,低压喷油器像其他发动机一样在进气歧管内完成燃油喷射。高压直喷喷油器由高压泵提供高压燃油压力,再通过燃油高压燃油分配管分配给高压直喷喷油器;低压燃油由高压泵的引导连接装置供油,燃油再进入低压燃油油轨。在高低压燃油油轨上分别安装有高压燃油压力传感器和低压燃油压力传感器,发动机控制单元根据这两个信号分别调节高低压燃油系统的压力。高低压燃油压力传感器安装位置如图6-12所示。高低压燃油压力传感器的拆装及更换如表6-6所示。燃油压力传感器引起的发动机故障排除如表6-7所示。

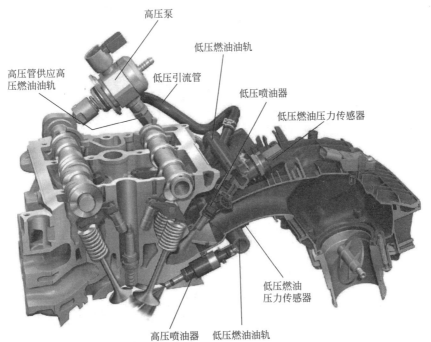

图6-12 高低压燃油压力传感器的安装位置图

表 6-6 燃油压力传感器的拆装及更换

步骤	详情	图示
	高压燃油压力传感器的拆卸及更换	
1	打开发动机箱盖,拆卸发动机罩盖,断开蓄电池负极连接线,拧出如图 6-13 所示箭头处的冷却液管固定螺栓,并将冷却液管轻轻地移到一旁	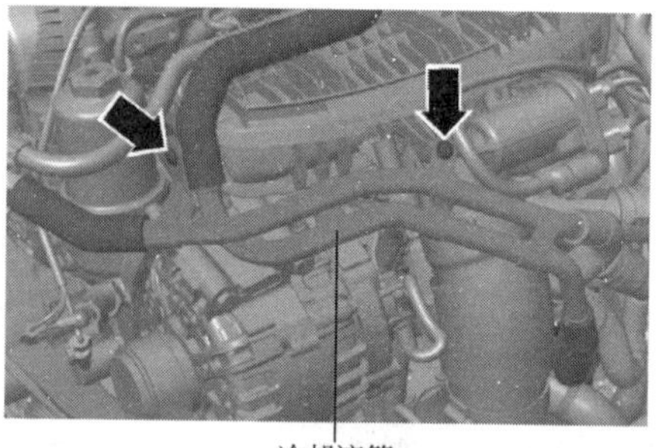 冷却液管 图 6-13 冷却液管
2	按照表 4-4 所示的顺序拆下空气滤清器壳体,并松开空气导管下部件左右紧固螺栓,取下空气导管的下部件	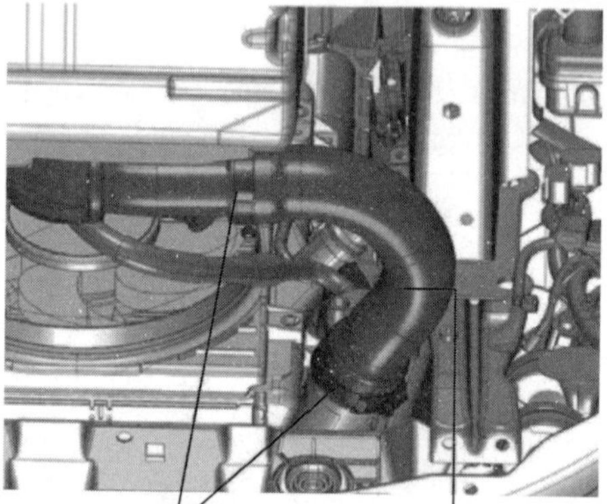
3	举升车辆,拆卸发动机下部盖板	
4	脱开冷却液管固定夹,将冷却液管放置一旁,从增压压力传感器上拔出插接器,拧出螺栓,松开空气软管的固定夹的卡箍,从节气门体上向下拔处增压空气软管,参照图 5-12 所示	
5	松开如图 6-14 所示的卡箍,脱开增压空气管并连同整个空气管一起拆下	卡箍 增压空气管 图 6-14 取下增压空气管
6	旋出如图 6-15 所示的紧固螺母和螺栓,拆卸进气歧管支撑,再取下进气歧管支撑的橡胶支座	 进气歧管支撑橡胶支座 紧固螺栓 紧固螺母 图 6-15 拆卸进气歧管支撑

第6章 发动机传感器的拆装及更换

续表

步骤	详 解	图 示
7	将如图6-16(a)所示的燃油压力传感器插接器取下,并拔下如图6-16(b)所示箭头处的发电机插头,此插头在拆装燃油压力传感器时可能会卡住扳手。用扳手松开燃油压力传感器并取下	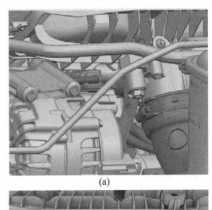 (a)
	安装及更换注意事项:安装或更换前先用干净的发动机机油浸润燃油压力传感器的密封椎体和螺纹,安装按照与拆卸相反的顺序进行即可	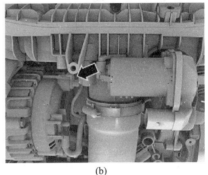 (b) 图6-16 拆卸燃油压力传感器

低压燃油压力传感器的拆装及更换

步骤	详 解	图 示
1	打开发动机舱盖,拆卸发动机罩盖	
2	脱开如图6-17所示的低压燃油压力传感器插接器,拔出锁止销,将低压燃油压力传感器从低压燃油分配管上拔出	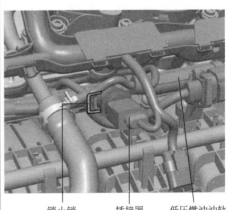 锁止销　插接器　低压燃油油轨 图6-17 低压燃油压力传感器

续表

步骤	详情	图示
3	按图 6-18 所示将低压燃油压力传感器从转接头上拧下	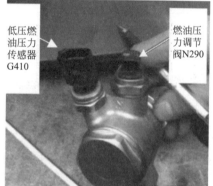 图 6-18 取下低压燃油压力传感器
	安装注意事项：安装时必须更换如图 6-18 所示的 O 形圈，将转接头与低压燃油压力传感器拧在一起，再将低压燃油压力传感器小心地推入到燃油分配器中直到极限位置，将锁止销推入凹槽，插上插接器	

表 6-7　燃油压力传感器引起的发动机故障排除

案例：高压燃油压力传感器信号失真导致奥迪 A8 3.0T 发动机无法启动	
故障现象	车主反映在正常停驶后再次启动时无法启动
故障排除	用 VAS5051B 读取 01-发动机电子设备，故障存储器：0 检测到故障/事件 出现发动机无法启动的故障原因分析如下： ①无点火电压　②无燃油压力或压力过低。尝试启动时，在节气门处喷化油器清洗剂发动机可以正常启动，由此可以确定不能启动是由燃油系统故障导致的。检查低压燃油压力正常（在正常值 3.0～5.6bar 之间），用 VAS5051B 进入 01-发动机电子设备，读取测量值燃油压力为 30000kPa 不正常，高压侧正常压力应为 4000～11000kPa。由以上数据可以得知燃油压力数值过高。燃油压力调整是按需调整的，由燃油压力调节阀 N290 控制 高压传感器 G247 信号失真时，燃油压力调节阀 N290 会在泵油行程中也通电，处于常开状态，这时整个系统压力降低到低压端的 5bar 断开燃油压力调节阀 N290 线束插头发动机能正常启动（图 6-19），由此断定此故障是由高压传感器 G247 损坏、信号失效导致的	 图 6-19　燃油压力调节器插接器

(5) 氧传感器的拆装

现代汽车发动机在三元催化转换器前后分别安装一个氧传感器。催化器前氧传感器是一个宽频氧传感器,可在一个较大范围内测定出废气中的氧气浓度,从而推断出燃烧室内的空燃比,发动机控制单元根据氧传感器信号计算喷油时间;三元催化转换器后氧传感器用于测量废气中的剩余氧含量,发动机控制单元根据废气中剩余氧含量可以推断出催化转换器的催化功能。为了使传感器更快地进入工作状态,每个氧传感器都安装有加热器。氧传感器的安装位置如图 6-20 和图 6-21 所示。氧传感器的拆卸与更换如表 6-8 所示。

图 6-20　EA211 发动机氧传感器的安装位置

图 6-21　EA888 发动机氧传感器的安装位置

表 6-8 氧传感器的拆卸与更换

步骤	详情	图示
前氧传感器		
1	打开发动机舱盖,拆卸发动机罩盖,断开蓄电池负极连接导线	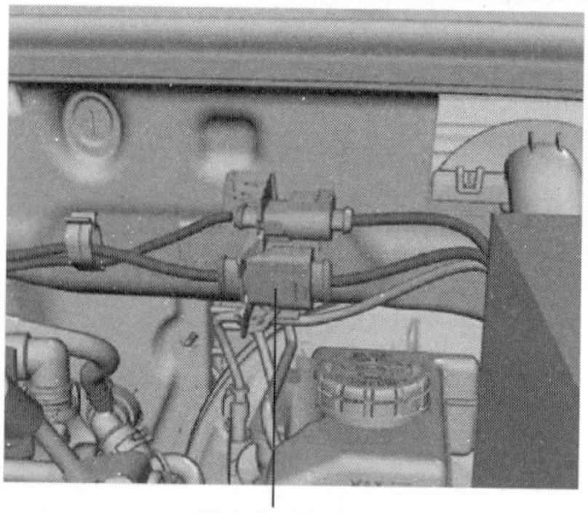
2	脱开如图 6-22 所示的前氧传感器 5 芯插接器	5芯电气连接插头 图 6-22 前氧传感器 5 芯插接器
3	脱开如图 6-23 所示箭头指示的氧传感器线束固定卡	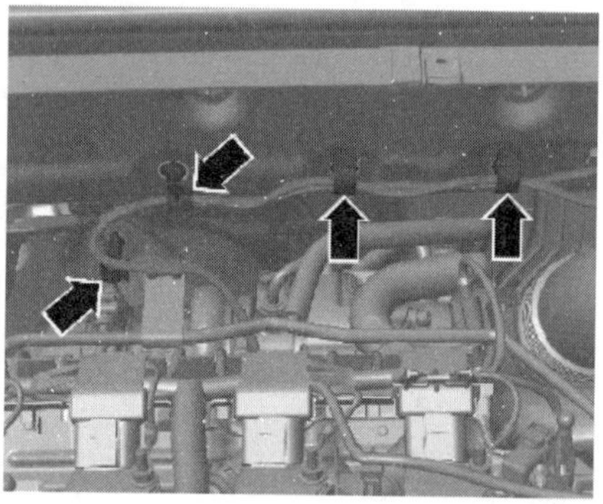 图 6-23 前氧传感器线束固定卡
4	用扳手拧出如图 6-24 所示的前氧传感器	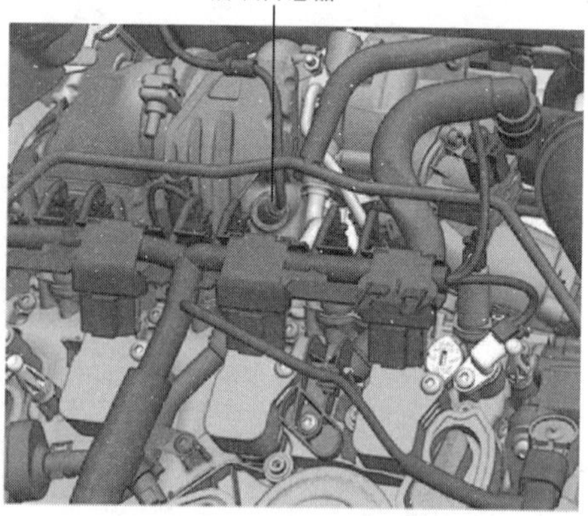 前氧传感器 图 6-24 拆出前氧传感器

第6章 发动机传感器的拆装及更换

续表

步骤	详情	图示
后氧传感器		
1	打开发动机舱盖,拆卸发动机罩盖,断开蓄电池负极连接导线	后氧传感器
2	脱开后氧传感器4芯插接器,(图6-22中未标注)	
3	脱开后氧传感器线束固定卡子,参见图6-23	
4	用扳手松开并将后氧传感器拧出,如图6-25所示	图6-25 后氧传感器

安装注意事项:安装时氧传感器的导线必须重新固定到原来的位置,线束不得接触排气管;按照与拆卸相反的顺序安装

(6) 爆燃传感器的拆装

爆燃传感器安装在曲轴箱上,如图6-26所示。爆燃传感器用于识别气缸内的爆燃燃烧。为了避免爆燃燃烧,除了电子调节点火时刻外,同时还伴有一个针对某气缸的爆燃调节。

爆燃传感器

图6-26 爆燃传感器的安装位置

发动机控制单元根据爆燃信号来调节发生爆燃的气缸的点火角,直至不再出现爆燃。

若爆燃传感器损坏或装配不良导致信号中断了,发动机管理系统就进入爆燃调节应急状态,这时点火角都减小了,也就无法发挥出发动机的全部功率了。

若采用两个爆燃传感器的发动机某个爆燃传感器信号发生中断,相应气缸组的点火角就减小,也就是说向"延迟"方向调整了一个安全点火角。这可能导致燃油消耗升高。爆燃传感器正常的那个气缸组的爆燃调节仍能正常工作。

爆燃传感器的拆装如表 6-9 所示。

表 6-9　爆燃传感器的拆卸与更换

步骤	详情	图示
拆卸		
1	打开发动机舱盖,拆卸发动机罩,断开蓄电池负极连接线	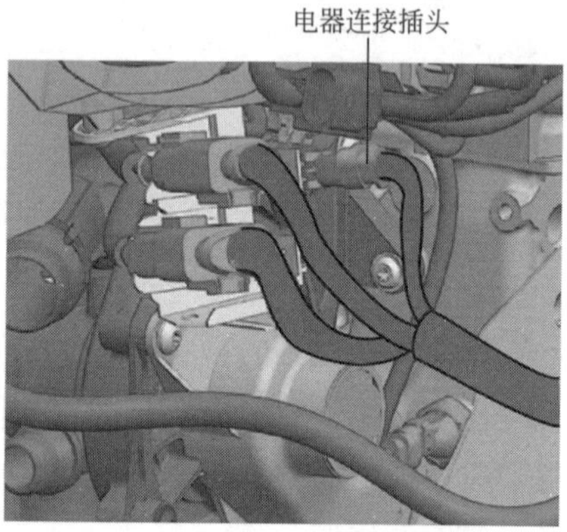 图 6-27　爆燃传感器电器连接插头
2	在冷却液泵后面的进气歧管下方找到如图 6-27 所示的爆燃传感器并断开其电气连接插头	
3	拆卸发动机温度调节伺服元件	 图 6-28　爆燃传感器
4	拧出爆燃传感器的固定螺栓,并取下如图 6-28 所示箭头处的爆燃传感器	

安装注意事项:安装按照与拆卸相反的顺序进行,注意爆燃传感器的安装位置参照图 6-28

第6章 发动机传感器的拆装及更换

(7) 霍尔传感器的拆装

霍尔传感器也叫凸轮轴位置传感器,安装在凸轮轴壳体上的飞轮侧(图 6-29)或正时链条盖板处(图 6-30),进气和排气凸轮轴的上方。该传感器扫描具有特殊的凸轮外形的传感器脉冲轮。

霍尔传感器(凸轮轴位置传感器)
图 6-29 霍尔传感器(安装在飞轮侧凸轮轴盖壳体上)

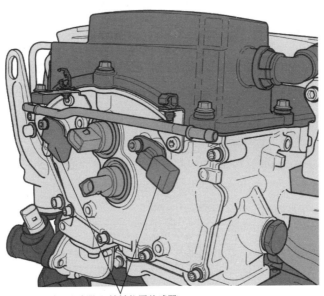

霍尔传感器(凸轮轴位置传感器)
图 6-30 霍尔传感器(安装在正时链条盖板处)

其信号用于确定两个凸轮轴的位置以及单个气缸在工作循环中的位置。
凸轮轴位置传感器的信号以及发动机转速传感器的信号可用于识别 1 号气缸

的点火上止点以及凸轮轴的位置。这些信号用于确定喷射时间、点火时间以及调节凸轮轴。

如果两个传感器中的一个发生故障，则来自其他传感器的相应信号将用作替代信号。如果两个传感器都发生故障，下一次发动机启动的持续时间将明显更长。在这两种情况下，发动机转速都会被限制在3000r/min，而且凸轮轴调节将停止。

霍尔传感器的拆卸与更换如表6-10所示。

表6-10 霍尔传感器的拆卸与更换

步骤	详情	图示
1	打开发动机舱盖，拆卸发动机罩	
2	按表5-2所示拆卸进气歧管	
3	在发动机飞轮侧凸轮轴盖上找到霍尔传感器，脱开如图6-31所示的电气连接插头，拧出螺栓，拆下霍尔传感器。另一个霍尔传感器的拆卸方法与之相同	 图6-31 霍尔传感器拆卸
安装注意事项：霍尔传感器拆卸后必须更换O形圈，安装按照与拆卸相反的顺序进行		

(8) 发动机转速/曲轴位置传感器的拆装

发动机转速/曲轴位置传感器集成在变速箱侧的密封凸缘中。凸缘通过螺栓固定到气缸体上，如图6-32所示。该传感器扫描曲轴上的传感器脉冲轮。发动机控制单元可使用这些信号辨识发动机转速。

发动机控制单元使用该信号确定计算所得的喷射时间、喷射持续时间和点火正时。此信号还和霍尔传感器一起使用，用于确定曲轴和凸轮轴的位置关系以及凸轮轴调节的相关位置。

如果发动机转速传感器信号发生故障，会使用来自霍尔传感器（凸轮轴位置传感器）的信号作为替代信号。下一次发动机启动会耗时更长，发动机转速会被限制在3000r/min，扭矩将减少。

发动机转速/曲轴位置传感器的拆卸与更换如表6-11所示。发动机转速/曲轴位置传感器不良或信号中断引起的发动机故障排除案例如表6-12所示。

第6章 发动机传感器的拆装及更换

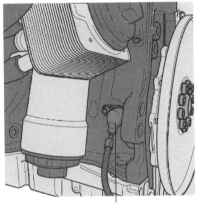

发动机转速/曲轴位置传感器　　信号靶轮　　　　　　　　发动机转速/曲轴位置传感器

图 6-32　发动机转速/曲轴位置传感器安装位置

表 6-11　发动机转速/曲轴位置传感器的拆卸与更换

步骤	详　情	图　示
1	举升车辆,拆卸发动机下部的隔音板	
2	脱开如图 6-33 所示的增压空气管螺旋卡箍,并拧出箭头处所示的紧固螺栓,将增压空气管和冷却液管脱开,并压向一侧	螺旋卡箍 电气连接插头　　冷却液软管 图 6-33　脱开软管

续表

步骤	详情	图示
3	拔下如图6-34所示箭头处的变速箱冷却液阀插头,拧下螺母,并将变速箱冷却液阀置于一旁(不要断开冷却液管)	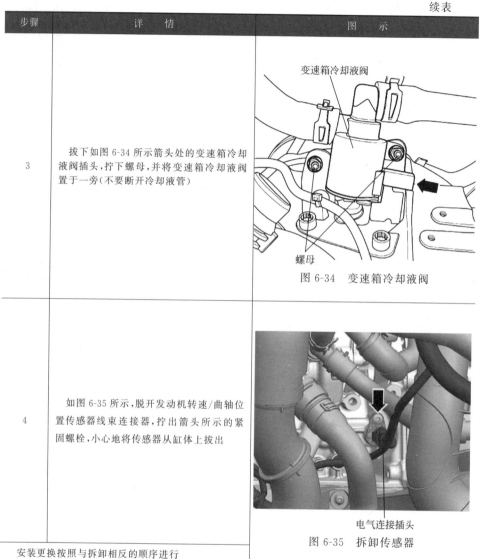 图6-34 变速箱冷却液阀
4	如图6-35所示,脱开发动机转速/曲轴位置传感器线束连接器,旋出箭头所示的紧固螺栓,小心地将传感器从缸体上拔出	图6-35 拆卸传感器
安装更换按照与拆卸相反的顺序进行		

表6-12 发动机转速/曲轴位置传感器引发的发动机故障排除案例

案例一:发动机转速/曲轴位置传感器引发的速腾发动机怠速抖动

故障现象	全新速腾发动机怠速抖动,发动机转速超过2000r/min后故障灯亮,并伴有加速不良现象
原因分析	造成此故障的原因:相关机械元件、发动机正时异常、可变进气相位异常、进气歧管或进排气门漏气、增压器机械故障、曲轴箱通风系统故障、活性炭罐系统故障、机油压力异常、燃油品质差等

续表

故障诊断	①用VAS6150检查车辆各控制单元,发现01-发动机控制单元内有3个故障码:P0300——检测不到发火(静态);P0303——气缸3检测不到发火(静态);P0303——气缸2检测不到发火(静态) ②检查发动机数据流14～16组,发现15组第2区(2号缸)和第3区(3号缸)都有失火情况 ③检查91组数据流发现3、4区凸轮轴调节正常 ④检查高压燃油压力数据流确认正常 ⑤检查发动机其他相关传感器数据流和相关机械元件,同样未见明显异常 ⑥将故障气缸的点火线圈、火花塞、喷油嘴与正常气缸的对换,故障依旧 ⑦用示波器检测凸轮轴位置传感器和发动机转速/曲轴位置传感器的波形,发现发动机转速/曲轴位置传感器的信号波形不正常 ⑧拆下曲轴位置传感器G28靶轮与旧的对比,发现2个靶轮明显不一样(图6-36)  图6-36 原车信号靶轮和旧件对比
故障排除	更换与之相匹配的曲轴位置传感器G28靶轮并刷新发动机控制单元后故障排除

案例二:发动机转速/曲轴位置传感器导致奥迪A6L发动机不好启动,熄火后再也无法启动

故障现象	该车上次更换离合器后就不好发动,"嗒嗒"地就是发动不了车,最后勉强启动,再熄火后一直无法启动
故障检测	①用VAG5052检查发动机,电控系统有故障"曲轴位置传感器信号不可信"。更换曲轴位置传感器后故障依旧 ②检查发动机电脑J623至曲轴位置传感器的电路,正常,供油压力正常,高压有火 ③通过曲轴位置传感器安装孔摇转曲轴观察到曲轴位置传感器信号轮齿圈上有划伤并且有两个齿已断裂 ④根据上述情况判断为曲轴位置传感器信号轮损坏 ⑤拆检发动机后发现高压油泵也损坏了

续表

原因分析	该车由于高压油泵损坏后碎屑掉落,刚好卡在曲轴位置传感器信号轮处,导致信号轮划伤,因此引发了此故障
故障排除	大修发动机,更换曲轴位置传感器信号轮

(9) 机油液位和温度传感器的拆装

该传感器从下面拧入油底壳,如图 6-37 所示。多个控制单元需要使用这个传感器的信号。组合仪表内的控制单元 J285 使用这个信号来延长保养间隔。

图 6-37　机油液位/温度传感器

发动机控制单元通过驱动 CAN-总线来获取这个信号,并在机油温度较高时使用机油温度信号来控制排气凸轮轴的延迟调节。

此传感器信号中断后,控制单元会使用冷却液温度传感器的信号来替代。

机油液位/温度传感器的拆装与更换如表 6-13 所示。

表 6-13　机油液位/温度传感器的拆装与更换

步骤	详　情	图　示
1	按照要求排尽发动机机油,拆下发动机下部隔音罩	
2	如图 6-38 所示,脱开机油液位/温度传感器电气连接插头,并松开螺母,小心地从油底壳上去下机油液位/温度传感器	

续表

步骤	详情	图示
	安装注意事项:安装或更换传感器时需要更换密封圈,安装按照与拆卸相反的顺序进行,安装后按照要求重新加注机油并检查油位	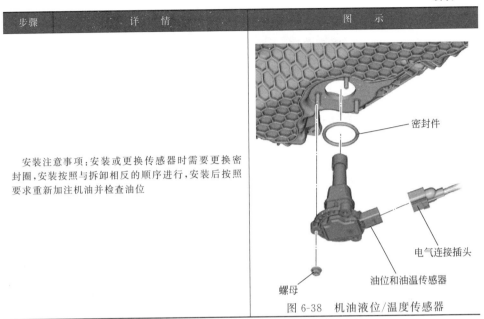 图6-38 机油液位/温度传感器

[10] 凸轮轴调节阀的拆装

凸轮轴控制调节阀安装在凸轮轴壳体内,并集成在发动机机油回路中。如图6-39所示为不同的发动机凸轮轴控制调节阀的安装位置。

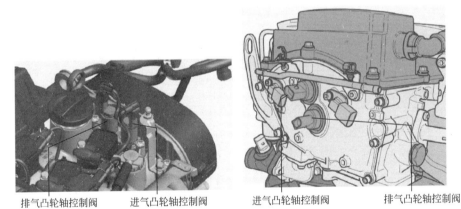

图6-39 凸轮轴控制调节阀的安装位置

凸轮轴控制调节阀的作用是激活凸轮轴控制阀,将机油分配到叶轮式调节器中。根据所开启的润滑油道,将内转子向"提前"或"延迟"方向进行调节,或将内转子保持在原位。内转子通过螺栓固定在进气凸轮轴上,通过相同的方式进行调节。

如果某一个凸轮轴控制阀发生故障,将无法再进行凸轮轴调节。进气凸轮轴保持在"延迟"位置,排气凸轮轴保持在"提前"位置,会导致损失扭矩。

凸轮轴控制调节阀的拆卸与更换如表6-14所示。凸轮轴调节阀故障引起的发动机故障排除案例如表6-15所示。

表6-14 凸轮轴控制调节阀的拆卸与更换

步骤	详情	图示
1	打开发动机舱盖,拆卸发动机罩,在凸轮轴正时链盖板处找到进/排气凸轮轴调节阀的插接器并脱开,如图6-40所示	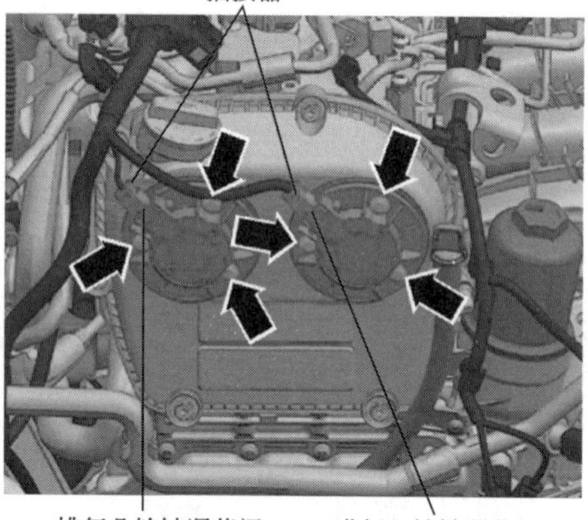 插接器 排气凸轮轴调节阀　　进气凸轮轴调节阀 图6-40 凸轮轴调节阀
2	将干净的抹布置于凸轮轴调节阀的下方以免拆卸时机油流到发动机上	
3	拧出如图6-40所示箭头处的螺栓,取下进/排气凸轮轴	
安装注意事项:安装和更换时需要更换密封圈和O形圈,并在密封圈上涂上干净的发动机机油		

表6-15 凸轮轴调节阀故障引起的发动机故障排除案例

案例:凸轮轴调节阀引起的速腾发动机怠速不稳	
故障现象	行驶中磕碰油底后,发动机怠速不稳。怠速时"游车"现象严重,排气管尾部能够明显听到类似缺缸发出的"突突"声。加速到中速和高速时一切正常
故障诊断	①用VAS6150读取发动机控制单元故障记忆,存有故障码:P0016——气缸列1,凸轮轴位置传感器G40/发动机转速传感器G28布置错误 ②检查正时状态为正常 ③使用VAS6356读取发动机凸轮轴位置传感器G40和发动机转速传感器G28对应信号波形。根据发动机转速传感器G28和凸轮轴位置传感器G40的波形状态及对应关系,发现G40的波形有反应滞缓,检查凸轮轴调整电磁阀工作波形(该波形为PWM控制波形)。通过凸轮轴位置传感器G40与凸轮轴调节阀N205占空比的对应状态,说明凸轮轴调节阀N205的PWM信号正常,凸轮轴的信号杂波对应的凸轮轴调节阀N205的PWM信号无变化,说明是机械部件的凸轮轴位置传感器致G40产生杂波。由于凸轮轴调整系统需要由机油驱动,因此检查机油及压力状态条件,为正常
原因分析	故障车由于凸轮轴调节机械阀卡滞导致配气相位错乱,引起气门关闭时刻错误导致该故障的产生
故障排除	根据以上分析检查,拆检凸轮轴调整的机械阀,发现机械阀中出现机械严重卡滞。将机械阀更换后启动车辆并行驶测试,一切正常

PART 03 第3部分

汽车发动机的拆装与维修

第7章

发动机的吊卸与安装

这里以迈腾 B8L 1.8/2.0T 发动机为例介绍发动机的吊卸、与变速器脱离及安装过程。

7.1 发动机的吊卸

发动机的吊卸过程如表 7-1 所示。

表 7-1 发动机的吊卸

步骤	详情	图示
1	将如图 7-1 所示的冷却液膨胀罐的密封盖用抹布盖住并小心地打开,等待冷却系统泄压后取下密封盖 注意:此步骤应在发动机冷机状态下进行。在发动机处于暖机状态时,冷却系统中存在过压,有被高温蒸气和高温冷却液烫伤的危险	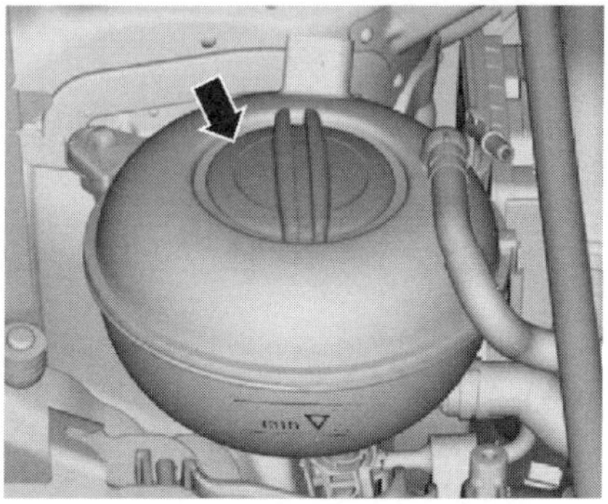 图 7-1 冷却液膨胀管密封盖

续表

步骤	详情	图示
2	①脱开如图7-2所示的插接器 ②在下面放置车间起重机收集盘 ③拔出固定夹,从散热器上拆下右下冷却液软管,排除冷却液 ④拆卸发动机罩	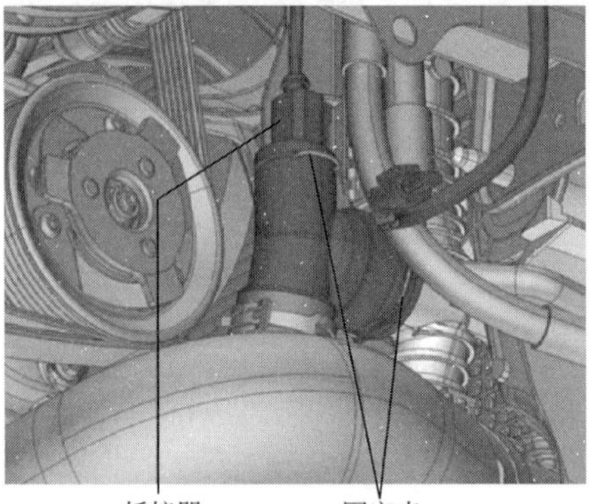 插接器　　　固定夹 图7-2　拆卸发动机罩
3	按照前面讲过的流程拆卸空气滤清器壳体。拧出如图7-3所示箭头处的左右螺栓,松开并取下空气导管的下部件	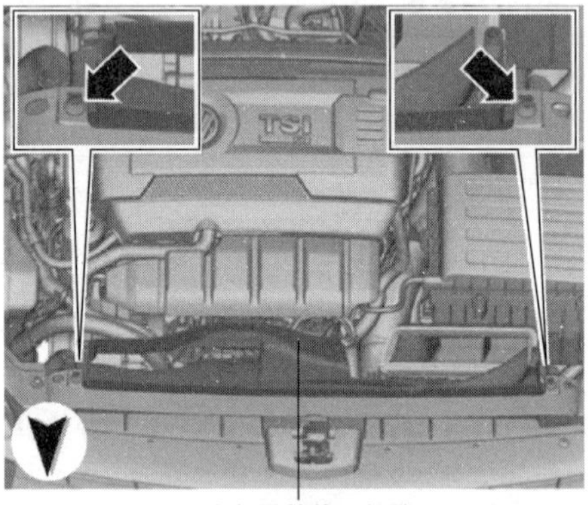
4	①断开蓄电池负极连接导线 ②拧出发动机舱内蓄电池支架紧固螺栓并取下蓄电池支架	空气导管的下部件 图7-3　拆卸空气导管下部件
5	①脱开真空软管 ②按压真空软管上的解锁按钮,将软管从真空泵上拆下,如图7-4所示	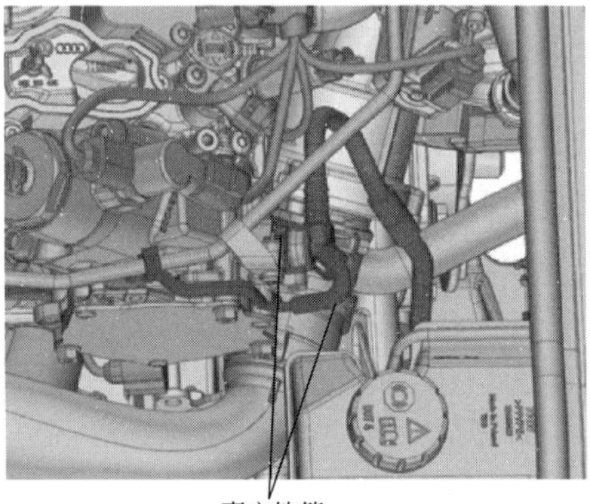 真空软管 图7-4　真空软管

第7章 发动机的吊卸与安装

续表

步骤	详情	图示
6	①拔出如图7-5中箭头所示固定夹,将冷却液软管从加热装置热交换器上拆下 ②向下固定住冷却液软管,排出冷却液	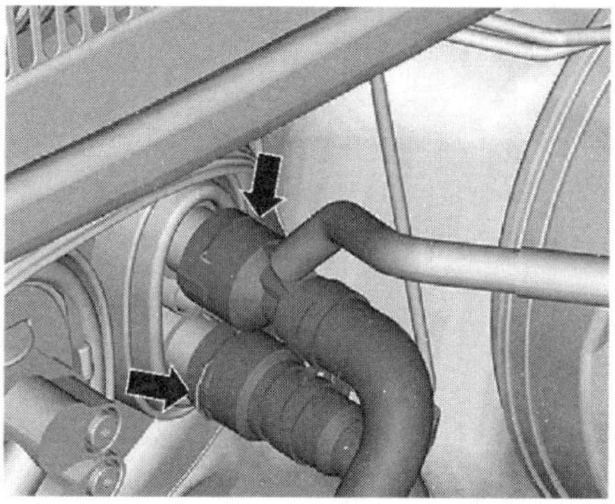 图7-5 冷却液软管
7	取出并脱开支架中的氧传感器插接器,脱开电线,参见图6-22	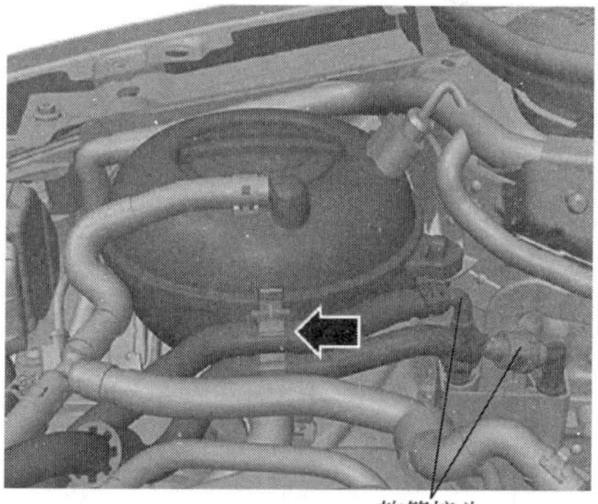
8	①脱开图6-23中箭头所示氧传感器的线束固定卡 ②拆下带尾气催化净化器的排气前管	
9	①脱开燃油软管接头 ②脱开图7-6中箭头所指的卡子,将燃油管路置于发动机上 注意: 燃油系统喷出的燃油有造成人身伤害的危险 燃油系统泄压方法:用干净的抹布围住连接处并小心地松开连接处	软管接头 图7-6 松开燃油软管接头
10	①松开软管卡箍,拆下冷却液软管 ②松开箭头所指固定夹,将冷却液软管置于车身上,如图7-7所示	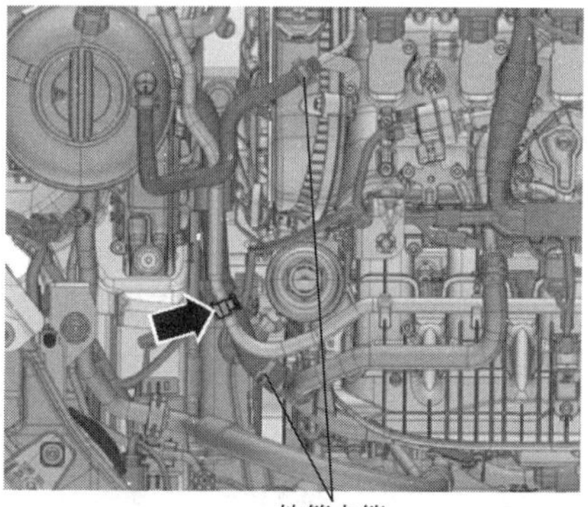 软管卡箍 图7-7 拆卸冷却液软管

续表

步骤	详情	图示
11	脱开箭头所指固定夹,将左上侧冷却液软管从散热器上拆下,如图7-8所示	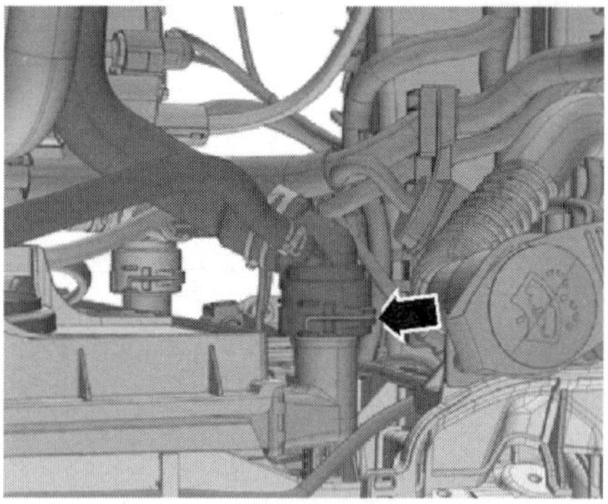 图7-8 左上侧冷却液软管拆卸
12	①断开发动机控制单元上的插接器 ②将插接器从支架中取出并断开 ③脱开电线,如图7-9所示 ④脱开发动机控制单元的线束固定卡	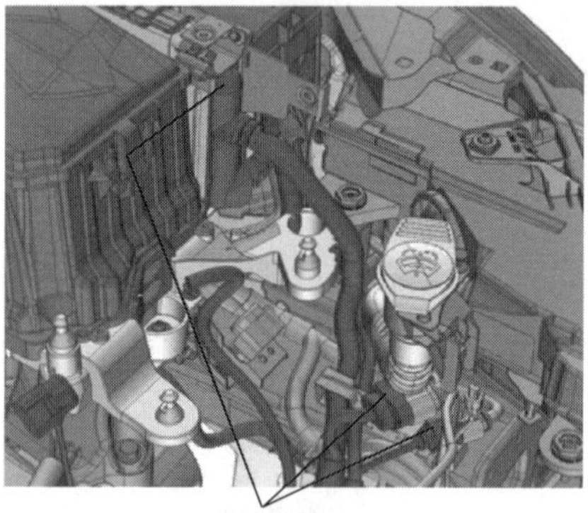 插接器 图7-9 脱开发动机控制单元插接器
13	松开箭头所指的卡子,取下发动机舱电控箱盖板;用螺钉旋具松开箭头所指的卡子,并将发动机舱电控箱盖板向上拉,如图7-10所示 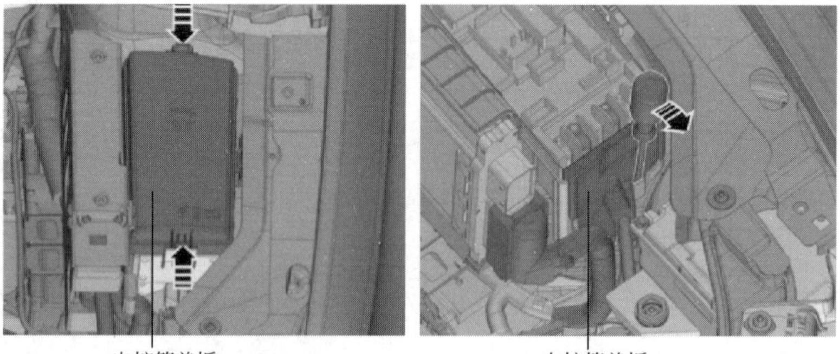 电控箱盖板　　电控箱盖板 图7-10 拆卸发动机电控箱	

第 7 章　发动机的吊卸与安装

续表

步骤	详情	图示
14	拧下箭头所指螺母,取下电线并脱开,如图 7-11 所示	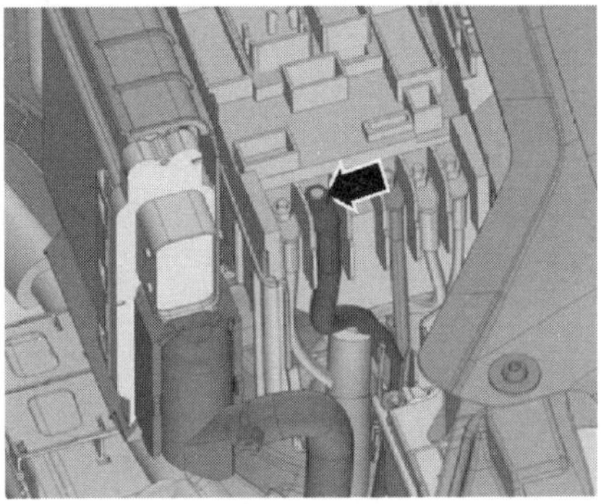 图 7-11　取下电线
15	①脱开插接器 ②将 B+电极保护套压回,并从启动电动机的电磁开关上拆下 B+电线 ③松开箭头所指螺母,取下接地线（图 7-12）	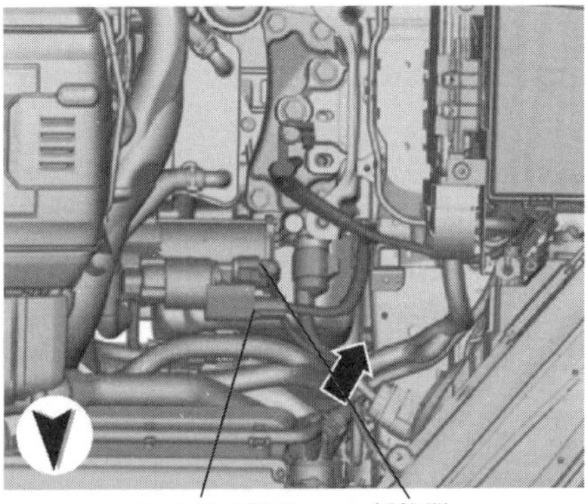 B+电极保护套　　插接器 图 7-12　拆卸起动机电缆线
16	①逆时针方向转动转锁断开双离合器变速箱机械电子单元的插接器 ②从变速箱上拆下换挡杆拉索并从拉索支座中拔出,如图 7-13 所示	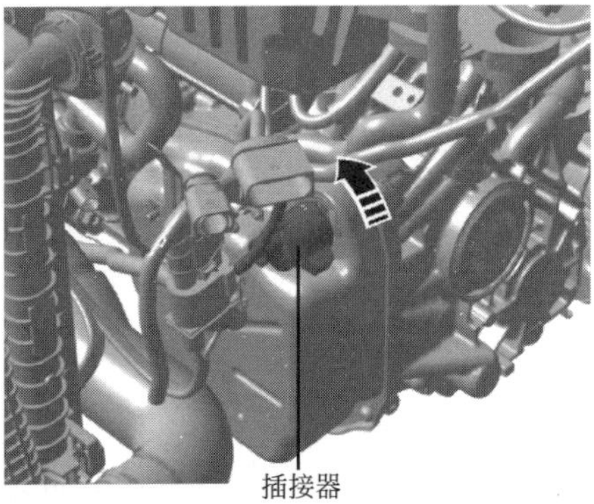 插接器 图 7-13　拆卸自动变速器控制装置插接器

续表

步骤	详情	图示
17	将箭头所指变速箱支座的螺栓拧松约2圈,如图7-14所示 将箭头所指发动机支座的螺栓拧松约2圈,如图7-15所示	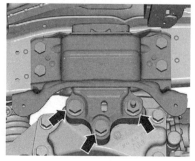 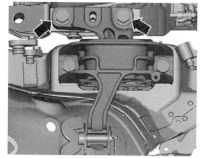 图7-14 变速器支座紧固螺栓　　图7-15 发动机支座紧固螺栓
18	松开如图7-16所示箭头处的软管卡箍并拆下左侧增压空气软管	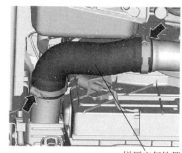 增压空气软管 图7-16 左侧增压空气软管
19	①沿图7-17所示箭头A方向拔出锁止卡,拔下散热器风扇插接器 ②沿箭头B方向按压卡子,然后向上拔出散热器风扇并将其拆下	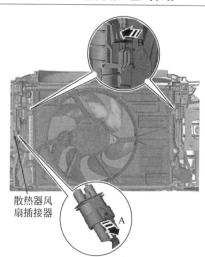 散热器风扇插接器 图7-17 散热器风扇及插接器的拆卸

续表

步骤	详 情	图 示
20	①松开软管卡箍,拆下右侧增压空气软管,参见图5-11 ②用发动机密封套件中的干净密封塞封闭敞开的管路和接口	
21	①脱开如图7-18所示卡箍1,取下冷却液软管并置于一旁 ②拧出图中箭头所指的螺栓 ③松开如图7-18所示卡箍2 ④将插接器从增压压力传感器上脱开 ⑤取下空气导管	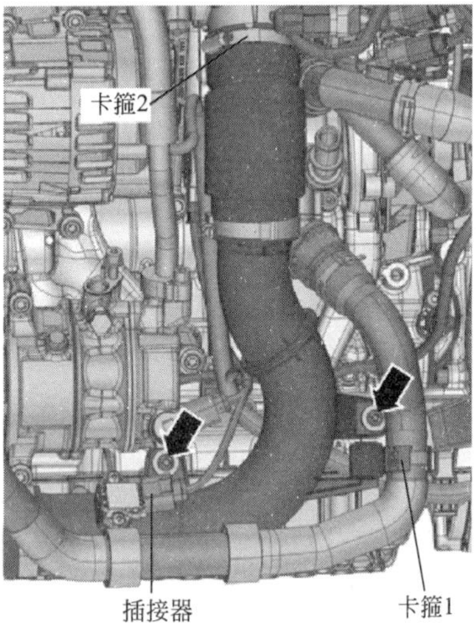 图7-18 取下冷却液软管和空气导管
22	①按照前面提及的方法拆卸多楔带 ②将多楔带从空调压缩机的多楔皮带轮上取下,然后松开张紧装置。必要时取下定位芯棒	
23	制冷剂可能导致人员冻伤,不要打开空调的制冷剂回路 ①脱开空调压缩机调节阀上的插接器 ②拧出图7-19中箭头所指螺栓 ③将空调压缩机连同连接的制冷剂软管从支架上取下,然后绑在右侧高处。同时不得过度拉伸、弯折或弯曲制冷剂管路和软管 ④从法兰轴上拧下左侧和右侧万向轴	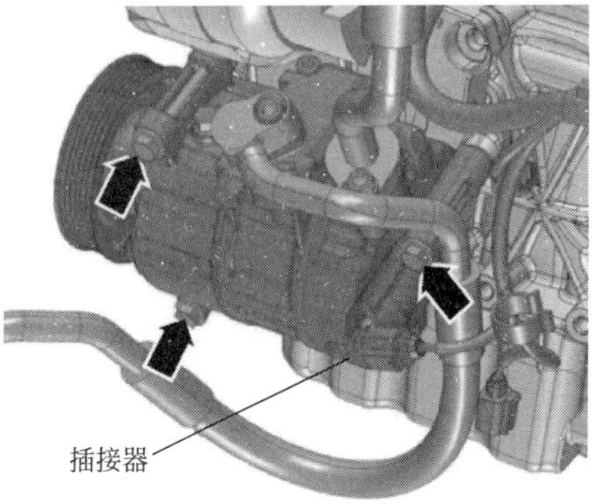 图7-19 空调压缩机的拆卸
24	拆下机油液位和机油温度传感器插接器,参考图6-38	

续表

步骤	详情	图示
25	旋出图7-20中箭头所指的螺母,将冷却液继续补给泵置于一旁	 图7-20 冷却液继续补给泵
26	旋出图7-21中箭头所指的螺栓,取下支架	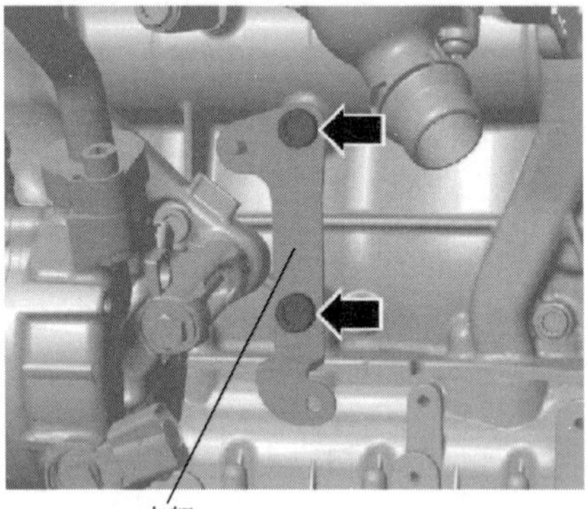 图7-21
27	①如图7-22所示,将转接头拧到发动机支架上 ②用变速箱支架中的防松件将销子拧紧到发动机支架上 ③将发动机支架插入发动机和变速箱举升装置内	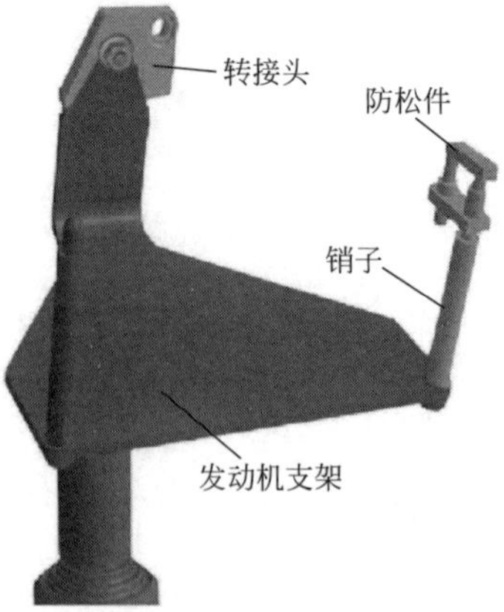 图7-22 发动机支架结构

续表

步骤	详　情	图　示
28	将发动机支架装到气缸体上。用间隔套将螺栓拧紧在气缸体上,拧紧力矩为20N·m,如图7-23所示	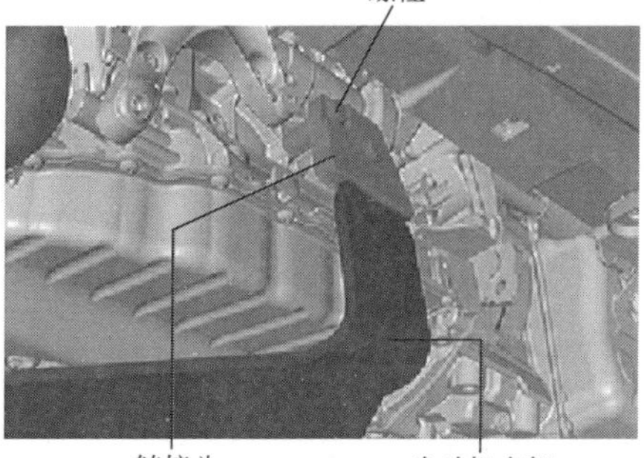 图7-23　发动机支架与发动机的连接(一)
29	用防松件固定发动机并略微抬高发动机和变速箱,如图7-24所示	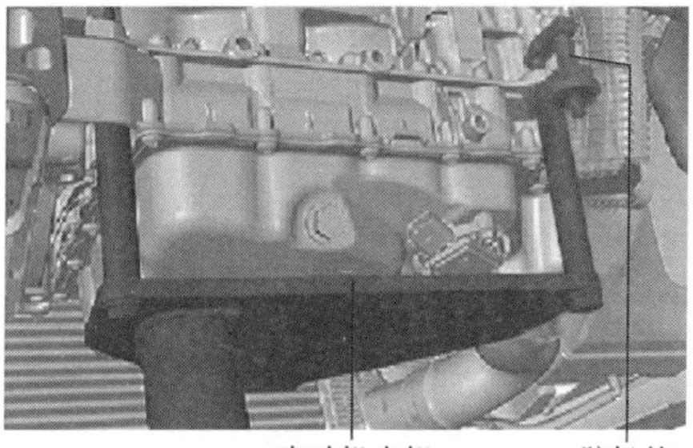 图7-24　发动机支架与发动机的连接(二)
30	完全拧出图7-15、图7-14中箭头所指的发动机支座、变速箱支座紧固螺栓	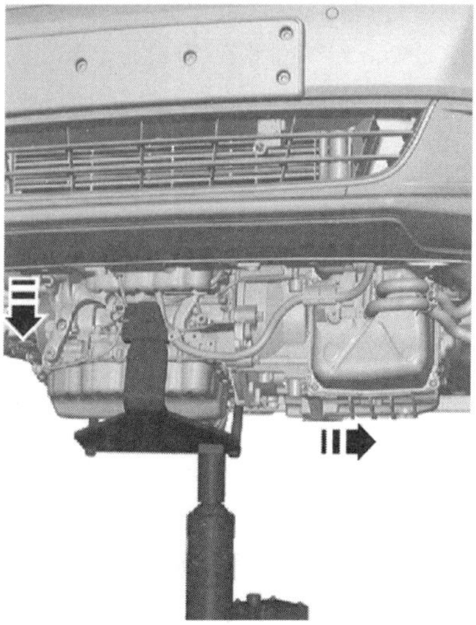
31	小心地降下发动机/变速箱总成,同时检查发动机、变速箱和车身之间的所有真空管路或电线是否松动,如图7-25所示	图7-25　降下发动机变速器

7.2 脱开发动机和7挡双离合器变速器

脱开发动机和7挡双离合变速器过程如表7-2所示。

表7-2 脱开发动机和7挡双离合变速器

步骤	详情	图示
1	①拆下连接到发动机支架的发动机/变速箱总成 ②使用车间起重机和吊钩吊住发动机/变速箱总成 ③拧下图7-26中箭头所指的螺栓，松开螺纹卡箍 ④脱开如图7-26所示线束固定卡	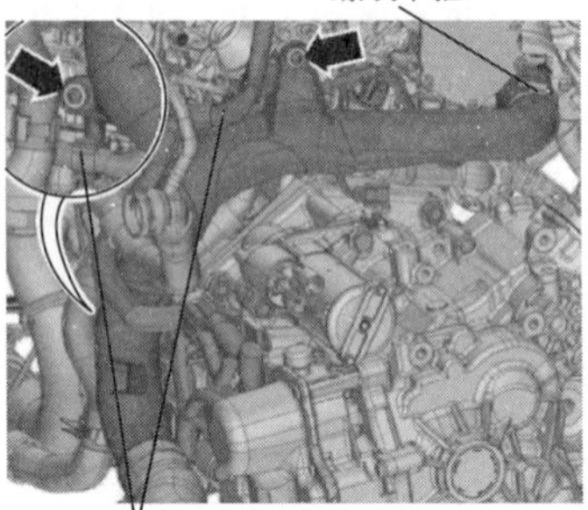 图7-26 拆卸螺纹卡箍和线束固定架
2	①用直径不超过25mm的软管夹夹住冷却液管 ②松开图7-27中箭头所示的软管夹，然后将冷却液软管从变速箱油冷器断开 ③用发动机密封套件中的干净塞子密封打开的管路和接头 ④拆卸起动机	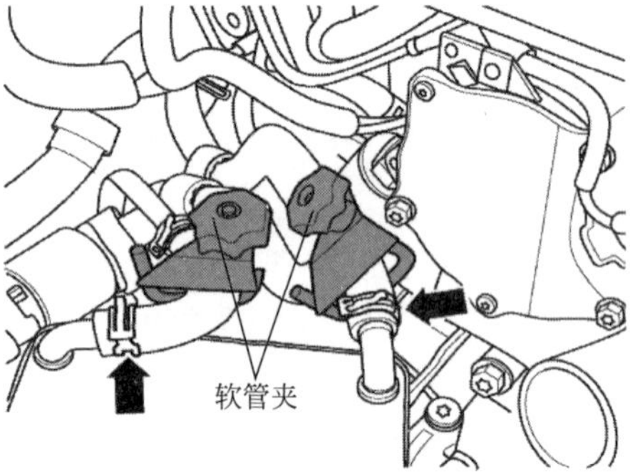 图7-27 断开变速器油冷却器软管
3	拧下螺母，拆下导线支架，如图7-28所示	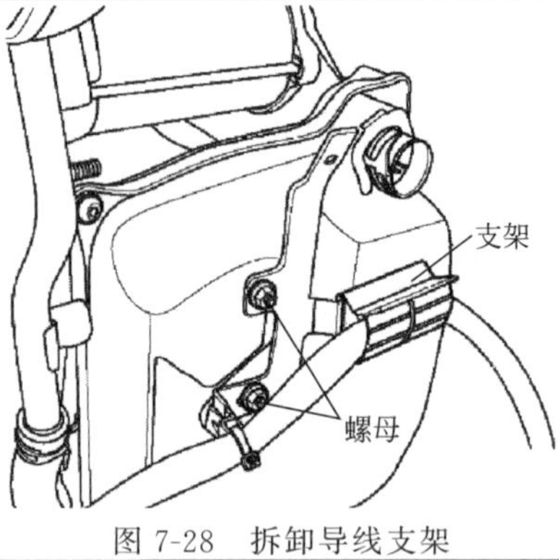 图7-28 拆卸导线支架

续表

步骤	详情	图示
4	如图 7-29 所示,使用发动机/变速箱举升装置和变速箱支架支撑住变速箱	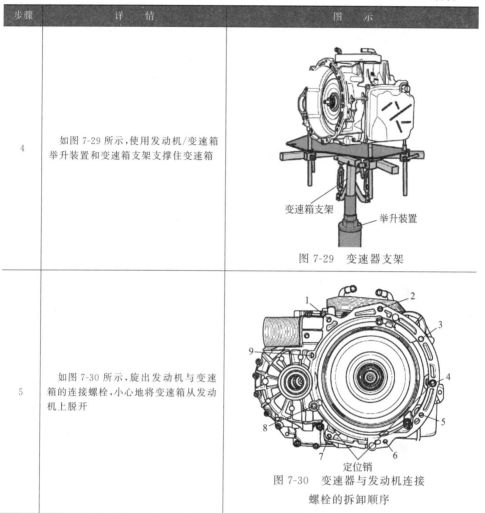 变速箱支架　举升装置 图 7-29　变速器支架
5	如图 7-30 所示,旋出发动机与变速箱的连接螺栓,小心地将变速箱从发动机上脱开	定位销 图 7-30　变速器与发动机连接螺栓的拆卸顺序

7.3　安装发动机和变速器

发动机和变速器的安装如表 7-3 所示。

表 7-3　发动机和变速器的安装

安装注意事项

①安装时各种管路(燃油管、液压系统管路、冷却液管、制冷剂管路、制动液管路、真空管路等)和导线不得改变它们的原始走向。为了避免损坏导线,应确保它们与所有的运动部件及发热部件之间没有接触并有足够的空间

续表

②变速器和发动机连接的紧固螺栓按照下面的力矩进行连接,螺栓拧紧顺序参照图7-30

位置	螺栓	拧紧力矩
1,2,3,9	M12×50	80N·m
5,6,7	M10×50	40N·m
4,8	M12×60	80N·m
A	定位套	

步骤	详情	图示
1	①安装支撑装置 ②注意检查发动机上是否已经安装有定位销 ③将中间板挂到图7-31中箭头(上部)所指的密封法兰上,然后推到下部箭头所指的定位销上 ④将发动机安装到安装支架上以便连接变速器并将发动机变速器托举,准备导入发动机舱 ⑤将发动机和变速箱机组导入发动机舱内	 图7-31 安装中间板
2	预拧紧箭头所指发动机支座与发动机支撑件的连接螺栓,参照图7-15	
3	①预拧紧变速箱支座与变速箱支撑件的连接螺栓,参照图7-14 ②用支撑装置将动力总成完全吊住 ③拆卸并从发动机舱下部移出发动机支架 ④调整机组支撑,并最终将螺栓拧紧至额定扭矩 ⑤安装传动轴 ⑥安装变速箱换挡操纵机构 ⑦安装空调压缩机 ⑧安装多楔皮带 ⑨安装蓄电池支架 ⑩进行电气连接和电气敷设 ⑪安装空气滤清器壳体 ⑫安装发动机罩盖 ⑬检查油位 ⑭加注冷却液 ⑮安装左右侧前轮罩内板	

第8章

发动机配气与曲柄连杆机构的维修

8.1 配气机构的检修（本部分以东风风神 S30 汽车发动机为例）

(1) 凸轮轴的拆卸与更换

凸轮轴的拆卸与更换流程如表 8-1 所示。凸轮轴故障引发的发动机机械故障案例如表 8-2 所示。

表 8-1 凸轮轴的拆卸与更换

步骤	详情	图示
1	拆卸正时皮带，参见 5.1 中的"(4)拆卸多楔带、张紧器以及曲轴皮带轮"	
2	拆卸点火线圈装饰罩的 6 个螺栓，如图 8-1 所示，取下点火线圈装饰罩	 图 8-1 拆卸点火线圈装饰罩
3	脱开曲轴箱通风管的 3 个管接头，取下曲轴箱通风管	

续表

步骤	详情	图示
4	拆卸如图8-2所示气缸盖罩的16个螺栓,取下气缸盖罩	 图8-2 拆卸气缸盖罩盖螺栓
5	用扳手分别叉住进气凸轮轴和排气凸轮轴,拆卸如图8-3所示的2个凸轮轴正时齿轮螺栓,取下凸轮轴正时齿轮	 图8-3 拆卸凸轮轴正时齿轮螺栓
6	拆卸如图8-4所示的4个螺栓、张紧轮固定螺栓、导轮固定螺栓,取下正时齿轮室壳体	 图8-4 拆卸紧固螺栓

第8章 发动机配气与曲柄连杆机构的维修

续表

步骤	详情	图示
7	拆卸如图 8-5 所示凸轮轴轴承盖的 24 个螺栓,用木锤轻轻敲击凸轮轴轴承盖的侧边,取下凸轮轴轴承盖,取下进气凸轮轴和排气凸轮轴	图 8-5 拆卸凸轮轴轴承盖螺栓

凸轮轴安装注意事项:按照以下方向将凸轮轴安装在气缸盖中

进气凸轮轴:切口"a"位于 7 点处,并且凸轮轴上面有"TU5JP4 ADM"标识,如图 8-6 所示

排气凸轮轴:切口"a"位于 8 点处,并且凸轮轴上面有"TU5JP4 ECH"标识

①认真清理气缸盖和凸轮轴轴承盖的接合面

②在接合面上涂上密封胶

③安装凸轮轴轴承盖

④在固定螺栓上涂密封胶并按照规定顺序逐步拧紧固定螺栓 1~12,如图 8-7 所示,预拧紧力矩为 5N·m,拧紧力矩为(8±1)N·m

⑤安装正时齿轮室壳体

⑥安装凸轮轴油封(参见凸轮轴油封的安装)

⑦安装凸轮轴正时齿轮,拧紧力矩为(45±5)N·m

进/排气凸轮轴安装标记(切口"a")

图 8-6 进/排气凸轮轴安装标记

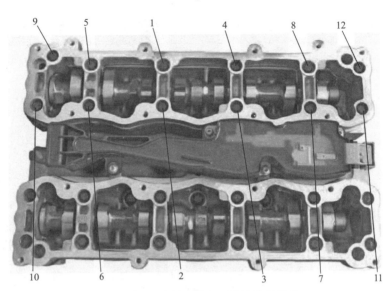

图 8-7 凸轮轴轴承盖紧固螺栓拧紧顺序

表 8-2 凸轮轴故障引发的发动机机械故障案例

案例一：进气凸轮轴磨损导致奥迪 A4L 轿车低速时耸车，EPC 灯报警

故障现象	奥迪 A4L 汽车在低速行驶时出现耸车现象，仪表 EPC 灯报警
故障检测	用诊断仪检测报霍尔传感器 G40 不可靠信号，读数据时有失火现象。检测霍尔传感器线路正常，更换传感器无效。 更换火花塞、点火线圈、清洗喷油嘴故障依旧，在试车时发现发动机前部有异响。经拆检发现发动机正时链条导轨螺栓脱落，导致异常磨损
故障排除	更换进气凸轮轴、轴承座、控制阀后故障排除

案例二：凸轮轴固定螺栓没有按规定力矩拧紧导致奥迪 A6L 发动机无法启动

故障现象	试车时确实无法启动，蓄电池电量充足
故障检测	用 VAS5052A 诊断有以下故障码：05416、P1528、009 第 1 控制组，凸轮轴调整-N205 断路，1、2、3 不发火，存有静态故障。根据导航要求对 N205 进行最终诊断，N205 能发出"咔哒"声，说明 N205 功能正常。接下来对发动机进行拆检，发现 2 号缸进气凸轮轴的摇臂跳了出来，2 缸的气门也被顶住。进一步拆检发现进气凸轮轴的后盖固定凸轮轴的螺栓没上紧，松了一大截出来。分析原因应是该车出厂时没有进行正确的力矩打紧，从而导致摇臂脱落、气门被顶
故障排除	更换气缸盖总成后故障排除

案例三：进气凸轮轴有一个凸轮开裂导致奥迪 Q5 加速耸车

故障现象	奥迪 Q5 加速时耸车
故障诊断	电脑检查，有第 4 缸失火故障。读取数据流，怠速时第 4 缸偶然失火，行车加速时连续失火。先做基本检查，检查气缸压力和汽油压力正常；对调喷嘴、点火线圈、喷油嘴后，故障未有任何改变。拆检废气阀，初步检查第 4 缸的摇臂、气门弹簧等部件，发现第 4 缸的进气凸轮轴有一个凸轮开裂，进一步拆下进气凸轮轴，此损坏的凸轮可以用手转动

第8章　发动机配气与曲柄连杆机构的维修

续表

故障分析	第4缸进气凸轮轴有一个凸轮开裂,凸轮轴转动时凸轮没有一起转动,怠速和检查缸压时,因为转速不高,对进气需求不大,所以故障不明显,大功率时进气需求大,造成第4缸工作不良
故障排除	更换进气凸轮轴后故障排除

(2) 气缸盖的拆卸与安装

气缸盖的拆卸与安装如表8-3所示。

表8-3　气缸盖的拆卸与安装

步骤	详情	图示
拆卸		
1	准备： ①关闭点火钥匙,断开蓄电池负极连接线 ②排空冷却液 ③拆卸如图8-8中所示的空气滤清器总成 ④脱开主供油管、燃油分配器插头、进气温度压力传感器插接器、节气门位置传感器插接器、冷却液温度传感器插接器、前氧传感器插接器、后氧传感器插接器 ⑤脱开如图8-8中所示的出水室总成冷却水管 ⑥举升车辆 ⑦拆卸发动机下护板 ⑧拆卸附件皮带（参见附件皮带的拆装）	 空气滤清器 冷却液管路 图8-8　空气滤清器和冷却液管路位置图
2	拆卸三元催化器的4个固定螺母	
3	①拆卸离合器壳体上的前排气管固定螺栓,将三元催化器与排气歧管分离。此操作完成后将车辆降到地面 ②在发动机下面放置1个千斤顶将其顶住	螺母
4	①拆卸发动机偏转限位衬、发动机偏转限位衬隔套以及固定螺母,如图8-9所示 ②拆卸图8-9中所示的发动机右支架总成 ③拆卸转向助力出油管（参见动力转向泵的拆装） ④拆卸正时皮带（参见正时皮带的拆装）	发动机右支架 图8-9　发动机支架总成的拆卸

续表

步骤	详情	图示
5	拆卸点火线圈装饰罩的6个螺栓,取下点火线圈装饰罩,参见图8-1	
6	脱开曲轴箱通风管的3个管接头,取下曲轴箱通风管	
7	拆卸气缸盖罩的16个螺栓,取下气缸盖罩,参见图8-2	
8	用扳手分别叉住进气凸轮轴和排气凸轮轴,拆卸2个凸轮轴正时齿轮螺栓,取下凸轮轴正时齿轮,参见图8-3	
9	拆卸4个螺栓、张紧轮固定螺栓、导轮固定螺栓,取下正时齿轮室壳体,参见图8-4	
10	用气缸盖螺栓套筒拧松10个气缸盖螺栓,然后用磁性吸棒取出气缸盖螺栓,如图8-10所示	图8-10 拆卸气缸盖紧固螺栓
11	用气缸盖分离杆将气缸盖与气缸体分离,取下气缸盖带进/排气歧管总成,如图8-11所示 在工作台上拆卸以下部分: ①凸轮轴轴承盖,取下凸轮轴(参见凸轮轴的拆装) ②进气歧管 ③排气歧管 ④出水室总成 最后取下气缸盖总成	图8-11 分离气缸盖总成

安装

步骤	详情	图示
1	安装前应先用丝锥清理缸体中的螺栓孔;检查气缸盖定位销;装上新的气缸垫;不要混装进/排气凸轮轴	
2	将凸轮轴油封顺着图8-12所示的导向套,安装在凸轮轴油封安装工具上,然后取下导向套	图8-12 凸轮轴安装工具

第8章 发动机配气与曲柄连杆机构的维修

续表

步骤	详情	图示
3	将凸轮轴油封套在凸轮轴上,用锤子轻轻敲击凸轮轴油封安装工具,使凸轮轴油封安装到位,取出工具,如图8-13所示	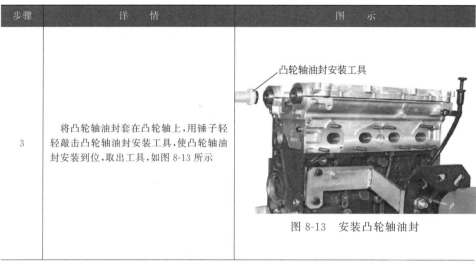 图8-13 安装凸轮轴油封

其余安装按照与拆卸相反的顺序进行

(3) 气门组件的拆卸与更换

气门组的拆装如表8-4所示。气门组零部件损坏引发的发动机故障案例如表8-5所示。

表8-4 气门组的拆装

步骤	详情	图示
拆卸		
1	标记并拆卸液压挺柱的位置	
2	将气门提取器安装在气门组件上。旋转气门提取器的加力杆,压紧气门弹簧座;用镊子或磁棒取下气门锁块,再松开气门提取器,然后依次取下气门弹簧座、气门弹簧、气门,如图8-14所示	图8-14 使用气门提取器拆卸气门组

续表

步骤	详情	图示
3	用气门杆油封垫拆卸钳拆卸气门杆密封圈，如图8-15所示 检查：气门座圈、气门、气门弹簧及其支座、凸轮轴、凸轮轴轴承盖、螺纹	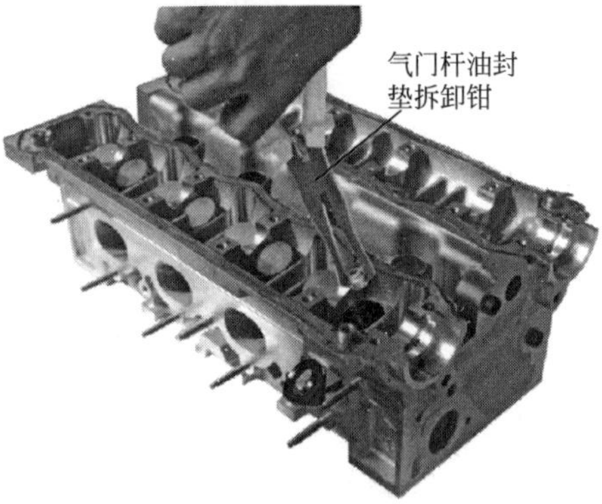 图8-15 拆卸气门杆密封圈

安装

步骤	详情	图示
1	先将气门杆油封套在工具的端部，然后连同工具套在气门导管上，再用橡胶锤轻轻敲击工具的尾部，确保气门杆油封安装到位，然后取下工具，如图8-16所示	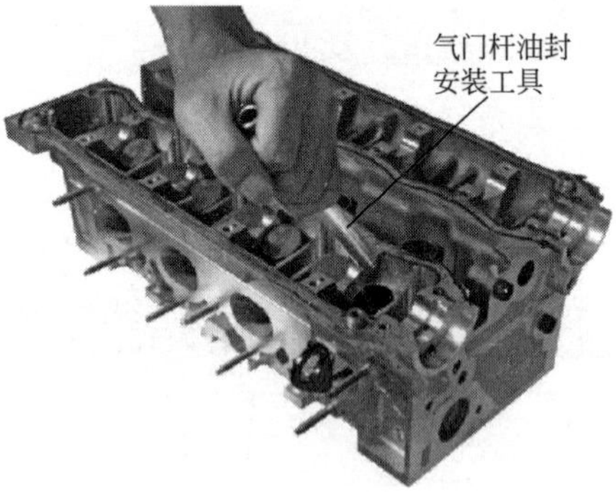 图8-16 气门杆油封的安装
2	先将气门插入已安装好的气门杆油封内，再套上气门弹簧和气门弹簧座，再将气门提取器安装好，并压紧气门弹簧，用镊子或磁棒将气门锁片安装到位，慢慢松开气门提取器，确保气门锁块安装到位，参见图8-14	
3	安装液压挺柱 ①润滑液压挺柱 ②按照已经标记好的原始位置安装挺柱 ③确保挺柱在缸盖中能够自由转动以及上下移动	
4	安装凸轮轴和气缸盖	

第8章 发动机配气与曲柄连杆机构的维修

表 8-5 气门组件故障导致的发动机故障案例

案例一:进气门关闭不严导致速腾车怠速抖动	
故障现象	发动机怠速抖动,坐在车内能明显感觉车身振动
故障诊断	①使用 VAS61508 电脑检测发动机无故障记忆 ②使用 VAS61508 读取发动机失火数据流,4 个气缸均没有失火情况 ③使用 VAS6150B 读取发动机负荷、进气量、喷油量、爆燃控制等数据,并与正常车辆相关数据进行比较,故障车进气压力为 370mbar,正常车进气压力为 320mbar ④对发动机进气管进行检查没有发现有任何的漏气情况 ⑤对碳管电磁阀控制管路进行检查,电磁阀控制功能正常(70 组数据块分析),当电磁阀不工作时电池阀关闭无漏气现象,曲轴箱通风检查也未发现漏气情况 ⑥与正常车辆倒换进气歧管总成,试车抖动依旧 ⑦测量发动机缸压:1 号缸 12bar,2 号缸 14bar,3 号缸 14.5bar,4 号缸 14bar,从测量数据分析 1 号缸缸压比其他缸缸压低 2bar 使用内窥镜检查发动机缸内情况,缸内未发现气门烧蚀、活塞顶部损坏和气门口积炭卡滞等异常情况;拆卸发动机缸盖分析,使用汽油试验 1 号缸,发现 1 号缸渗漏汽油,进气门关闭不严
故障分析	由于发动机 1 号缸进气门关闭不严,1 号缸缸压稍低,导致发动机进气量偏高 50mbar,发动机怠速抖动
故障排除	更换气门并对气门座进行处理后故障
案例二:气门组导致捷达发动机异响故障	
故障现象	冷车启动后发动机上部"哒哒"异响,行驶大约 15min 异响消失,热车发动机转速在 2500r/min 以上时,加速和减速均有异响
故障诊断	使用专用工具 VAG1342 检测机油压力在标准范围之内,拆检气门室盖发现凸轮轴、摇臂、气门挺杆腐蚀且表面变成红褐色,有的气门挺杆在缸盖内腐蚀得难取出 更换液压挺杆后试车,怠速时"哒哒"异响消失,但空加油门到发动机转速达到 2500r/min 以上时,加油门收油门时有"哗哗"异响。确定异响来自缸体部位,拆检发动机发现连杆及活塞销磨损严重
原因分析	由于车辆加注了劣质燃油,导致机油变质,造成气门挺杆腐蚀,连杆与活塞销磨损间隙过大导致异响 此故障为燃油中含硫量超标,汽油中的硫在高温燃烧时生成的硫化物进入曲轴箱,使机油变质,导致润滑不良,机件异常磨损 遇到类似的发动机异响问题,首先应检查机油品质、机油压力、排气气味,必要时可拆检分析
故障排除	更换气门挺杆、活塞销、连杆后故障排除
案例三:进气门头部出现裂痕导致奥迪 A4L 发动机怠速抖动	
故障现象	奥迪 A4L 发动机怠速时抖动
故障诊断	①使用 VAS5051B 检测到发动机控制单元 J623 中记录的故障码为:"7960 P130A00[32]气缸压缩比偶发""4063 P030400[237]检测到气缸 4 失火" ②先后更换第 4 缸火花塞、点火线圈、喷油嘴后故障依旧 ③使用 VAG1763 测量气缸压力,1~3 号缸压均为 10.5~11bar,4 缸压力为 8.5bar 左右 ④检查 4 号缸排气凸轮摇臂没有异常,拆检第 4 缸各气门弹簧也没有异常,拆检气缸盖检查发现第 4 缸靠近发动机后侧的进气门头部有长约 3cm 的裂纹,因此确定该车故障由于此进气门产生裂纹,密封不严,导致缸压不足

续表

原因分析	气门头部出现裂纹的故障极为罕见。此前在更换喷油嘴时,曾观察到第4缸位于发动机最后侧的进气门头部有一部分是灰白色的,但并未认真观察。而拆下后再次检查该进气门,发现两侧都有一部分,也就是裂纹的周围都是灰白色的。如果当时仔细检查一下,或许能提前发现进气门上的异常情况
故障排除	更换第4缸进气门后故障排除

故障四:进气凸轮轴抱死引发摇臂断裂引起奥迪A6L发动机行驶时熄火无法启动	
故障现象	行驶途中发动机熄火,再也无法启动
故障诊断	①首先检查发动机机油油位,正常;接着试用工具转动发动机,可以转动。试启动发动机发现启动时间长一些可以启动,但怠速不稳不着车,同时伴有发动机异响 ②用诊断仪读取发现01发动机有"P034100 凸轮轴位置传感器→传感器G40 信号不可信"的故障码。检查凸轮轴位置传感器G40线路确认正常,经上述检查初步分析原因是发动机配气正时错乱 ③拆掉气门室盖后,发现第一列气缸盖的进气凸轮下的摇臂已断裂两个。进一步拆解发现进气凸轮后端可变配气相位链轮固定螺栓明显松动且链轮与凸轮轴烧结在一起。分解气缸盖后发现部分气门与活塞有干扰过的痕迹
故障排除	更换第一列气缸盖总成后故障排除
原因分析	是什么原因导致第一列进气凸轮轴抱死呢?在反复检查第一列气缸盖后得出了答案。凸轮轴轴颈润滑是通过气缸盖主油道分出的油从凸轮轴瓦架上相对应的油孔进行润滑。而此进气凸轮轴第一道轴颈瓦架油孔被原厂黑色密封胶堵塞,导致第一道轴颈经长时间行驶后缺乏润滑而转动阻力增大。此时曲轴通过链条带动后可变相位链轮强制转动,由于曲轴转动方向和链轮螺栓紧固方向正好相反导致链轮螺栓松动。此时配气相位就发生了错乱,导致气门和活塞干扰。平日里维修时在结合处打密封胶,一定要注意是否附近的油道造成了影响

案例五:气门摇臂导致排气门开关异常引发奥迪Q5发动机怠速抖动,2号缸严重缺火的故障	
故障现象	发动机在怠速时抖动严重,VAS5052A检测发动机2号缸怠速失火明显,高转速时2缸失火现象轻微
故障诊断	①更换火花塞、点火线圈,故障无法排除 ②拆检进气道清理气门及缸内积炭,并把1缸喷油嘴和2缸喷油嘴调换位置,一切清洗干净后,故障依旧,2号缸怠速仍然失火,加速状态下失火现象轻微 ③拆检发动机电脑至点火线圈以及喷油嘴的连接导线都正常,调换发动机电脑故障依然存在 ④此车失火故障现象只在怠速时明显,高怠速时失火现象轻微 ⑤在征询车主同意的情况下,分解缸盖仔细检查第2缸进、排气门,气门弹簧及摇臂,最后发现其中一个排气门摇臂的滚针轴承径向间隙较大
原因分析	应该是气门摇臂轴承径向间隙过大,造成怠速时排气门开关异常,造成怠速2缸失火
故障排除	更换正常的排气门摇臂后,故障排除

8.2 曲柄连杆机构的维修

曲柄连杆机构的拆解与安装如表8-6所示。曲柄连杆机构零部件故障引发的发动机故障排除的案例如表8-7所示。

第8章 发动机配气与曲柄连杆机构的维修

表 8-6 曲柄连杆机构的拆解与安装

步骤	详情	图示
拆解		
1	拆卸冷却液泵的2颗固定螺栓,使用冷却液泵拆卸工具拆卸冷却液泵,如图8-17所示 拆卸图8-17中的皮带导轮紧固螺栓,取下皮带导轮	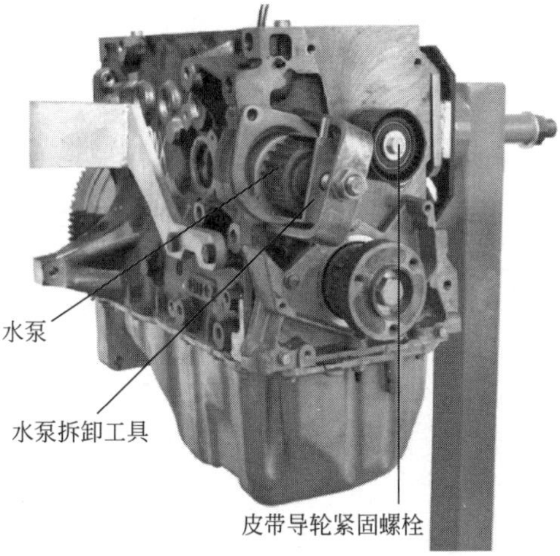 水泵 水泵拆卸工具 皮带导轮紧固螺栓 图8-17 拆卸冷却液泵
2	在发动机飞轮的启动齿圈上安装飞轮制动块,如图8-18所示 如图8-17所示拆卸皮带轮导轮下方的曲轴正时齿轮螺栓,取下曲轴正时齿轮	
3	拆卸如图8-18所示的6个离合器压盘总成紧固螺栓,取下离合器压盘总成以及离合器从动盘	 发动机飞轮制动块 图8-18 安装发动机飞轮制动块
4	拆卸发动机飞轮的6颗紧固螺栓,参见图8-18	

步骤	详情	图示
5	取下气缸体上的2个气缸盖定位销,如图8-19所示	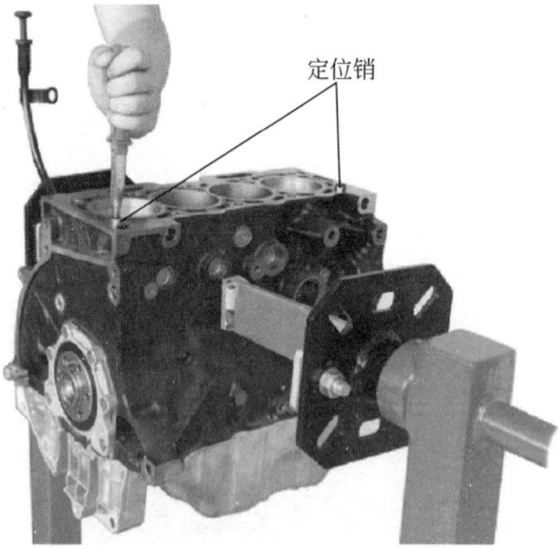 图8-19 拆卸气缸体上气缸盖的两个定位销
6	翻转发动机翻转架,使油底壳朝上,拆卸18颗油底壳紧固螺栓和一个紧固螺母	
7	拆卸曲轴前油封支撑板上的5颗螺栓,取下曲轴前油封支撑板以及曲轴前油封;拆卸机油泵上的3颗螺栓,取下机油泵和驱动链条,如图8-20所示	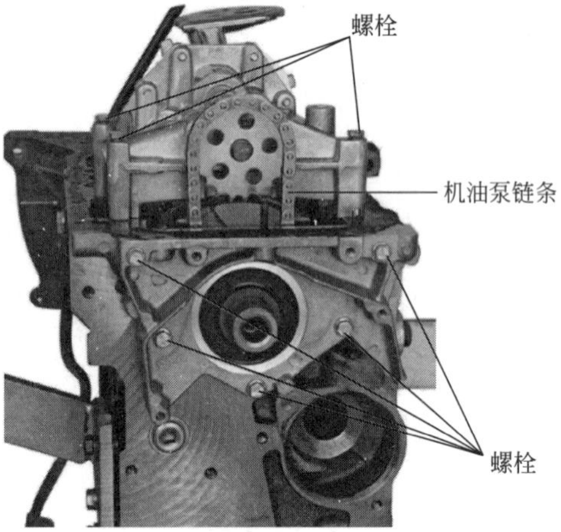 图8-20 拆卸曲轴前油封支撑板
8	取下曲轴上的机油泵驱动齿轮和半圆键	
9	拆卸曲轴后油封支撑板上的6颗螺栓,取下曲轴后油封支撑板以及曲轴后油封	

第8章 发动机配气与曲柄连杆机构的维修

续表

步骤	详情	图示
10	拆卸连杆轴瓦盖 ①在拆卸前对轴瓦和连杆进行标记。轴承按照1~5进行标记,1号位于飞轮一侧,如图8-21所示 ②拆卸连杆盖上的8颗螺栓,取下连杆盖 ③转动曲轴,并用橡胶棒轻击,敲出活塞连杆组件并进行标记	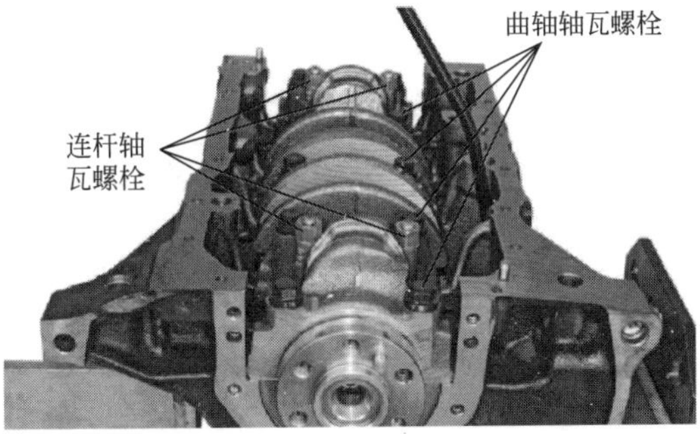 图8-21 连杆轴瓦、曲轴轴瓦螺栓
11	拆卸如图8-21所示的曲轴主轴瓦盖上的10颗紧固螺栓,取下轴承盖及曲轴	
12	拆卸2个止推衬垫,并拆卸活塞底部冷却喷嘴的4颗螺栓,取下冷却喷嘴	

安装

步骤	详情	图示
1	①将气缸体安装在发动机和变速器翻转架上 ②认真清理气缸体接合面和螺纹 ③安装活塞底部冷却喷嘴 ④拧紧预先涂有密封胶的螺栓,拧紧力矩为10N·m ⑤安装气缸体一侧的半轴瓦 ⑥轴承1、轴承3、轴承5均为光面主轴瓦;轴承2、轴承4均为带油槽的主轴瓦 ⑦润滑轴瓦和轴颈	
2	安装曲轴,按照主轴瓦的选择要求安装轴承盖 ①润滑(螺帽以下部分和螺纹)并装上轴承盖螺栓 ②用手拧紧轴承盖螺栓 ③润滑并安装2号轴承上的2个止推片 注意:1号轴位于飞轮一侧;止推片的油槽朝向曲轴一侧 ④安装2号轴承盖 ⑤用手拧紧轴承盖螺栓	

续表

步骤	详情	图示
3	调整曲轴轴向间隙 ①利用磁性百分表支架把百分表安装在曲轴前端部,如图 8-22 所示 ②将曲轴推到一边 ③将百分表调整到零 ④将曲轴推向另一端 曲轴轴向间隙应为 0.07～0.27mm;通过更换止推片可调整曲轴轴向间隙	 百分表 百分表支架 图 8-22 曲轴轴向间隙的调整
4	安装活塞环 注意:安装活塞环时"TOP"标记朝上,并且 3 个活塞环的开口相互错开 120° ①在活塞表面及活塞安装导向套内表面涂抹干净的发动机机油。将活塞气环、密封环、油环的开口分别错开 120°,保持活塞环的位置不转动,如图 8-23 所示 ②将活塞连杆从活塞安装导向套大开口一端装入,保持活塞的上端面与导向套端口平行,如图 8-24 所示	活塞安装导向套 图 8-23 活塞环安装导向筒 活塞安装导向套 图 8-24 活塞与换安装进导向套

续表

步骤	详情	图示
4	③向下压活塞顶部,直至将活塞的裙部露出来,如图8-25所示	 活塞安装导向套 图8-25 漏出活塞裙部
	④将活塞连同导向套一起装入气缸筒中,注意活塞上的箭头标记指向凸轮轴正时齿轮端,如图8-26所示	 活塞安装导向套 图8-26 一起装入气缸

续表

步骤	详情	图示
4	⑤用手直接推活塞顶部,使活塞完全进入气缸筒内,检查确认活塞安装到位,取下导向套,如图8-27所示	 图8-27 将活塞和环推入气缸
	在安装时,如果活塞环卡住了导向套,不能顺利推入,禁止强行敲击活塞顶部,否则有可能导致活塞环断裂,损坏安装导向套,此时应将活塞退出来,重新进行操作	
5	安装配有新轴瓦的连杆盖(润滑轴瓦) 连杆盖有安装方向,连杆盖轴瓦切口应与连杆轴瓦切口相对 规定力矩:连杆盖为(30±3)N·m;主轴承盖为(20±2)N·m+角度拧紧49°±2° 安装完毕后,注意检查,确保曲轴转动灵活不发卡	

其余安装步骤按照与拆卸相反的顺序进行即可

表8-7 曲柄连杆机构零部件故障引发的发动机故障案例

案例一:宝来发动机第二道气环断裂引发启动困难故障

故障现象	发动机有启动迹象,但最终发动机无法启动
故障诊断	①VAS5052检测发动机管理系统及其他电控系统,无故障存储;检查发动机配气正时,正常;检查点火系统及火花塞,除4个火花塞电极处比较湿润外,其他均正常;测量燃油供给系统的压力,压力正常。在拔掉汽油泵熔丝后,多次启动后可以启动发动机,但发动机怠速发抖;偶然中打开机油加注口盖时,发动机可以启动,同时发现机油加注口处有大量的白烟冒出,并且发动机怠速抖动厉害 ②测量缸压后发现第2缸只有6bar,压力明显偏低,可以确定第2缸存在问题 ③拆检第2缸活塞发现活塞的第二道气环断裂成三段

续表

原因分析	发动机第 2 缸活塞气环断裂后,导致大量的可燃混合气从活塞气环断裂处窜气到曲轴箱里,通过曲轴箱通风系统使"窜气"气体进入节气门后方,从而导致传感器判断进气量大,发动机控制单元根据进气量调整喷油量,导致喷油量过多,火花塞"淹死",发动机无法启动 在打开机油加注口盖后曲轴箱里的"窜气"气体从机油加注口处排出,曲轴箱内的气体压力变小,无法把油气分离器的膜顶开,"窜气"气体无法通过曲轴箱通风系统使"窜气"气体进入到节气门后方,此时,发动机可以启动 把汽油泵熔丝拔掉后,多次启动发动机后,进油管内部汽油压力逐渐下降,使喷油嘴的喷油量下降,同时燃烧室内的部分可燃混合物被排出,此时发动机可以启动
故障排除	更换第 2 缸活塞气环后故障排除
案例二:奥迪 A6L 发动机曲轴前油封故障导致发动机怠速运转时前部偶尔有"吱吱"异响	
故障现象	奥迪 A6L 发动机冷车刚启动时偶尔会出现此现象
故障诊断	①多次试车发现发动机在冷车刚启动时偶尔有"吱吱"声类似多楔皮带打滑,持续时间只有 5~10s,故障出现频率很低。该种类型异响可能由发动机皮带上有异物、油污或张紧力度不够导致打滑而引起 ②检查发电机、空调压缩机未发现异常。拆检多楔皮带检查发现张紧器轮有偏磨现象。更换多楔皮带、张紧器、紧固发电机支架后多次试车,故障再现 ③进一步检查发现曲轴皮带轮旁边有油污,拆检曲轴皮带发现正时链下盖板两侧有磨损现象,异响由油污引起曲轴皮带轮与正时链下盖板之间的摩擦导致
故障排除	更换曲轴前油封清理油污后故障排除
案例三:奥迪 A6L 发动机启动后一直有"哒哒"声	
故障现象	车辆启动后有"哒哒"声,"哒哒"声一直存在
故障检测	①车辆启动后有"哒哒"声,"哒哒"声一直存在,异响的节奏随发动机的转速会发生变化,转速高响声频率快。检查机油油位正常,机油压力正常,无相关的 TPI ②举升车辆根据声音的发生部位,用听诊器判定声音出现在发动机的中部前段,拆检上部缸盖没有发现异常,在检查活塞时发现 1 号缸的活塞上下的间隙大,拆检发动机下部总成 ③拆检后发现 1 号缸对应的连杆瓦、曲轴、连杆都出现拉伤,油底壳有大量的铁销,查看 1 号缸连杆上部瓦的安装情况后判定,1 号缸的上下两片的瓦安装反了,导致曲轴润滑不亮出现拉瓦
故障排除	更换曲轴,并正确安装连杆轴瓦后,故障排除

8.3 曲柄连杆机构常见故障的排除

(1) 气缸压力检测

气缸压力检测可以检查气缸的封闭情况,以判断气门、活塞环等是否正常工作。检测气缸压力时应注意以下几点:发动机需要处于正常工作温度、节气门处于全开状态、蓄电池不得存在亏电状态、点火开关处于"ST"位置持续时间不得超过 15s。气缸压力检测流程如图 8-28 所示。

(2) 发动机有负荷时有噪声

发动机有负荷时出现噪声的故障排除流程如图 8-29 所示。

①测试各缸压力，导致压力下降的原因可能是气门关闭不严或活塞环磨损等故障
②在每个气缸内喷射适量的机油
③安装气缸压力测试表至各火花塞安装口
④转动点火开关至“ST”位置，使每个气缸运行4～5个压缩行程
⑤单个气缸压力的最低读数不应低于单个气缸压力最高读数的75%，任何气缸的压力表读数都不应低于750kPa
⑥每个气缸完成4个压缩行程后，检查压力表读数，读数解释如下：正常情况：各气缸压力迅速、均匀增加并达到规定压力值活塞环故障：第一个行程压力低，在以后的行程中增加，但压力并没有达到正常水平；在缸体中添加机油后，压力显著增加气门故障：第一个行程压力低，在以后的行程中压力无法增加，将机油加入气缸后力增加不大
⑦测试结束

图 8-28 气缸压力检测流程

①检查传动皮带张紧力度是否存在过紧或拉伤
是
更换/调整皮带至规定值，确认故障是否排除
否
②检查排气系统是否与车身其他部件干涉，是否刮碰地面
是
重新定位并安装排气系统，确认故障是否排除
否
③检查飞轮是否存在开裂、变形与其他部件干涉等故障，飞轮是否正常
标准值(0.006～0.022mm/0.0002～0.0008in)
是
更换飞轮总成，确认故障是否排除
否
④检查主轴承间隙是否过大，是否超过规定值
标准值(0.020～0.044mm/0.0007～0.0017in)
是
更换主轴承，确认故障是否排除
否
⑤检查连杆轴承间隙是否超过规定值
是
更换连杆轴承，确认故障是否排除
否
⑥确认故障排除

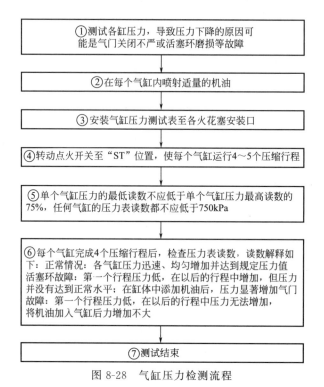

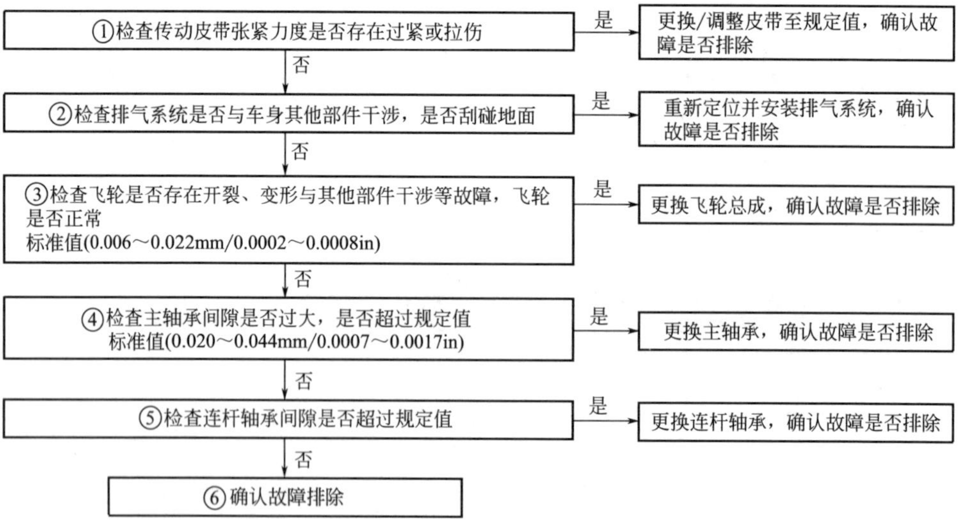

图 8-29 发动机有负荷时出现噪声故障排除流程

(3) 发动机热车轻微震动

发动机热车出现轻微震动的故障排除流程如图 8-30 所示。

第8章 发动机配气与曲柄连杆机构的维修

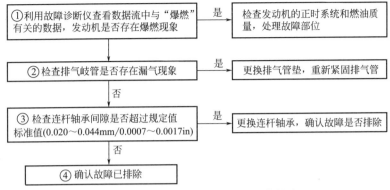

图 8-30 发动机热车轻微震动故障排除

(4) 怠速、热车时发动机有震动

怠速、热车时发动机有震动的故障排除如图 8-31 所示。

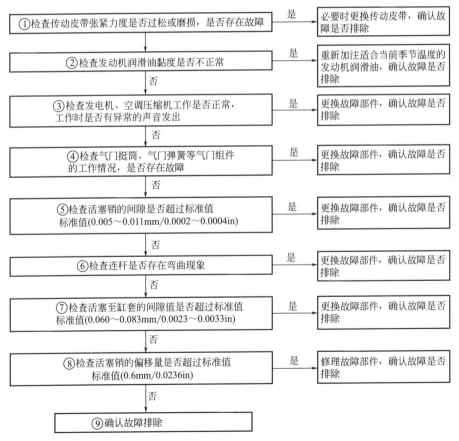

图 8-31 怠速、热车时发动机出现震动故障排除流程

(5) 发动机缺火且伴有异常噪声

发动机缺火且伴有异常噪声的故障排除流程如图 8-32 所示。

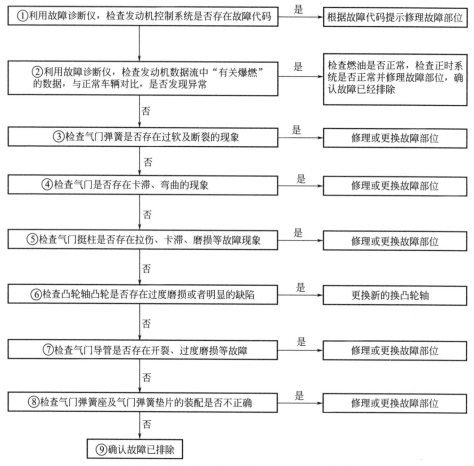

图 8-32　发动机缺火且伴有异常噪声故障排除流程

(6) 传动皮带出现"啾唧"声

该症状可能是因为传动皮带或皮带轮受潮而导致的一种间歇性故障。可能需要在传动皮带上喷少量水以再现故障。如果喷水后症状再现，则清洁皮带轮。车身部件、悬架部件或其他车辆部件松动或安装不当也可能发出"啾唧"声。以下情况为传动皮带发出"啾唧"声的症状：转动皮带每旋转一周就能听到一次"啾唧"声，噪声往往出现雨天或者寒冷的清晨。

该症状的诊断流程如图 8-33 所示。

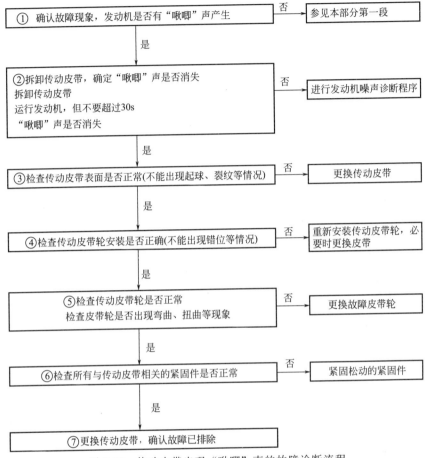

图 8-33　传动皮带出现"啾唧"声的故障诊断流程

[7] 传动皮带出现"尖叫"声

如果有间歇性的噪声,则通过改变发动机负载来检查各附件传动部件。建议检查空调系统是否加注过量、动力转向系统软管是否被夹扁、动力转向液是否不正确、发电机是否故障。

以下情况为传动皮带出现"尖叫"声的症状:由于传动皮带打滑引起的"尖叫"声,噪声出现在大负载加到传动皮带上时,如空调系统压缩机启动、发动机在运动时节气门快速开启或皮带在有故障的附件传动部件上打滑时引起的"尖叫"声。

传动皮带出现"尖叫"声的故障诊断流程如图 8-34 所示。

[8] 传动皮带出现"呜呜"声

此声音为持续的高频噪声。如果有间歇性的噪声,通过改变负载来检查

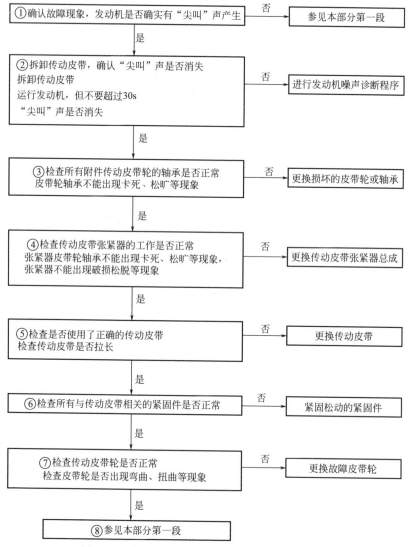

图 8-34 传动皮带出现"尖叫"声故障诊断流程

附件传动部件,确保部件运行至最大负载。这些情况可能是(但不局限于)空调系统加注过度、动力转向系统堵塞或转向液不正确以及发电机故障而引起的。

传动皮带出现"呜呜"声的诊断流程如图 8-35 所示。

(9) 正时皮带脱落

正时皮带从皮带轮上反复脱落故障诊断流程如图 8-36 所示。

第 8 章 发动机配气与曲柄连杆机构的维修

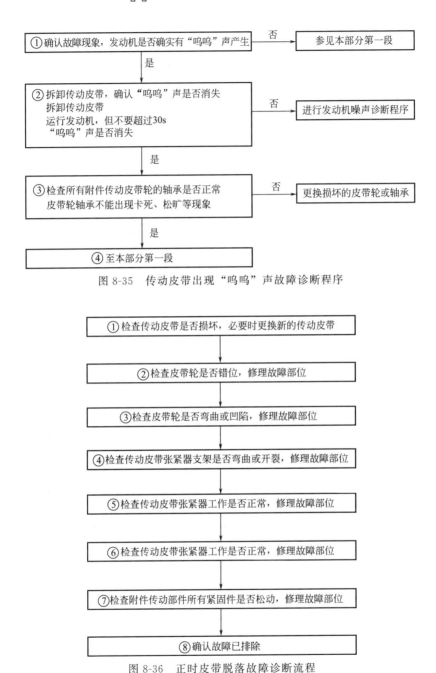

图 8-35 传动皮带出现"呜呜"声故障诊断程序

图 8-36 正时皮带脱落故障诊断流程

第9章

发动机润滑、冷却系统的维修

9.1 发动机润滑系统的维修

(1) 油底壳和机油泵

迈腾 B8L 1.4T 和 1.2T 机油泵和油底壳的装配图分别如图 9-1 和图 9-2 所示，油底壳和机油泵的拆卸参见 5.2 节中的"（7）拆卸机油泵"。

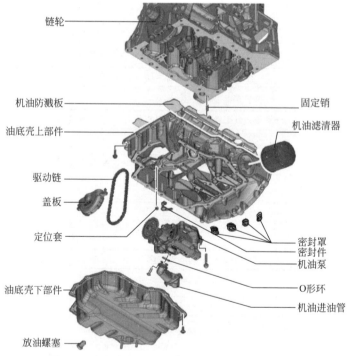

图 9-1 油底壳和机油泵装配图（迈腾 B8L 1.4T）

第9章 发动机润滑、冷却系统的维修

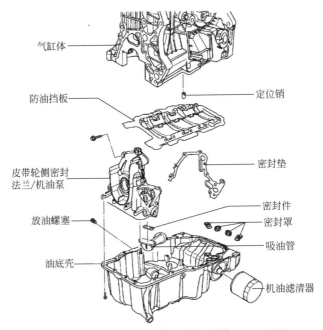

图 9-2 油底壳和机油泵装配图（迈腾 B8L 1.2T）

(2) 机油冷却器拆卸与更换

迈腾 B8L1.4/1.2T 发动机安装了机油冷却器用来降低机油温度，确保润滑系统工作在合理的温度下，为发动机提供良好的润滑效果。机油冷却器的安装位置如图 9-3 所示，拆卸与更换如表 9-1 所示。

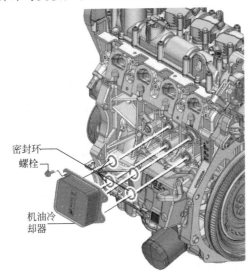

图 9-3 机油冷却器的安装位置

表 9-1 机油冷却器的拆卸与更换

拆卸	拔出冷却液管,拆卸进气歧管,拧出如图 9-4 所示箭头所指的紧固螺栓,取下机油冷却器
安装	安装或更换时需要更换新的密封环,安装步骤按照与拆卸相反的顺序进行

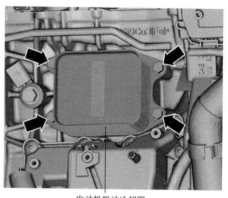

图 9-4 机油冷却器拆卸

(3) 机油压力开关

部分车型的发动机安装有多个机油压力开关,分为低压压力开关和高压压力开关(在技术资料中高压压力开关直接称为压力开关)。机油压力开关的安装位置如图 9-5 所示。机油压力开关的拆卸和更换如表 9-2 所示。

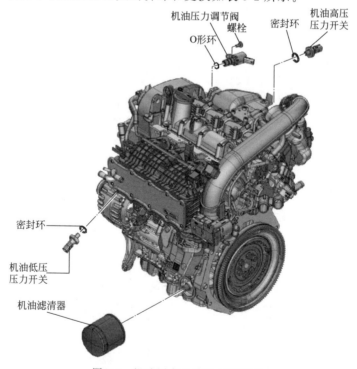

图 9-5 机油压力开关的安装位置

第9章 发动机润滑、冷却系统的维修

表 9-2 机油压力开关的拆卸与更换

步骤	详情	图示
拆卸与更换机油高压压力开关		
1	举升车辆,拆卸发动机下部的隔音板	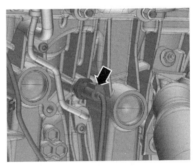 图 9-6 传动轴隔热板
2	拧出如图 9-6 所示箭头所指的螺栓,取下右侧传动轴的隔热板,并取下隔热垫	
3	找到如图 9-7 所示的机油高压压力开关,并取下箭头所指的插接器,在下方放置一块抹布,拧出机油高压压力开关,并取下	
安装注意事项:机油高压压力开关拆卸后必须连同密封圈一起更换新的;为了避免流出更多的机油,机油高压压力开关应在拆卸后立刻换上新的		图 9-7 机油高压压力开关
拆卸和更换机油低压压力开关		
1	从进气歧管上拔下如图 9-8 所示的活性炭罐电磁阀3	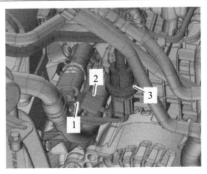 图 9-8 机油低压压力开关
2	脱开插接器2,拧出机油低压压力开关1,并将其取下	
安装注意事项:机油低压压力开关拆卸后必须连同密封圈一起更换新的;为了避免流出更多的机油,机油低压压力开关应在拆卸后立刻换上新的		

(4) 机油压力检查

机油压力检查可用专用的检查压力表,如大众机油压力检测仪 VAG1342。

机油压力检查过程如表9-3所示。

表 9-3　机油压力检查

步骤	详情	图示
1	检查并确保机油油位正常，启动发动机将机油温度提升至80℃（散热器风扇必须事先运转过1次）	
2	按照表9-2所述内容拆卸机油压力开关和机油低压压力开关，并将如图9-9所示的VAG1342的两个机头拧入压力开关和低压压力开关孔中，并保证密封完好	
3	启动发动机观察压力表的压力指示数值 怠速运转时，机油压力至少保持0.6bar 转速为2000r/min时，机油压力至少为1.5bar 关闭发动机，拔下机油压力调节阀的插接器，再次启动发动机将转速提升到3800r/min，检查此时的机油压力，至少为2.8bar	图9-9　VAG1342机油压力检测仪

9.2　发动机润滑系统常见故障的排除

(1) 机油异常消耗的故障诊断流程

机油异常消耗的故障诊断流程如图9-10所示。

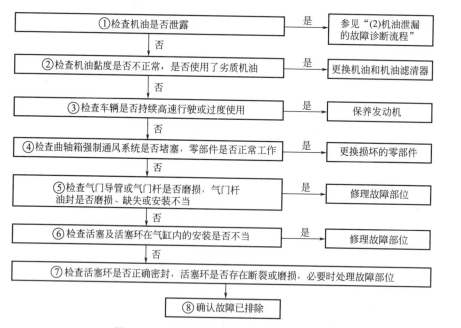

图9-10　机油异常消耗的故障诊断流程图

第 9 章 发动机润滑、冷却系统的维修

(2) 机油泄漏的故障诊断流程

机油泄漏的故障诊断流程如图 9-11 所示。

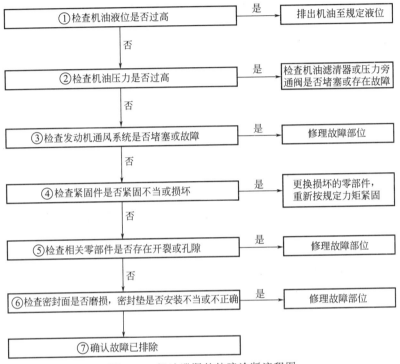

图 9-11 机油泄漏的故障诊断流程图

9.3 冷却系统的维修

发动机在气缸体内设置有冷却液道，通过冷却液的循环与外界进行热交换。这样能将发动机的工作温度保持在一定范围内，以使发动机在所有工况下都能有效工作。当发动机在冷机时，冷却系统通过节温器控制冷却液的循环量，可以使发动机迅速预热。

冷却系统包括散热器、冷却液储液罐、冷却风扇、节温器及壳体、冷却液泵和冷却液泵传动皮带。冷却液泵由附件传动皮带驱动。膨胀罐总成与散热器连接，用于回收因升温膨胀而排出的冷却液。膨胀罐总成的作用是保持正确的冷却液液面。

冷却风扇安装在发动机舱内散热器的后部，它可增加散热器和空调冷凝器的通风量，从而有助于加快车辆在怠速或低速行驶时的冷却速度。当冷却液温度达

到95℃时,发动机控制模块使冷却风扇低速运转,而当冷却液温度达到102℃时,使风扇高速运转。当温度回降到97℃时,发动机控制模块将冷却风扇从高速切换到低速,当温度达到90℃时将风扇关闭。

(1) 冷却系统管路图

常见车型冷却系统组成及管路如图9-12所示。

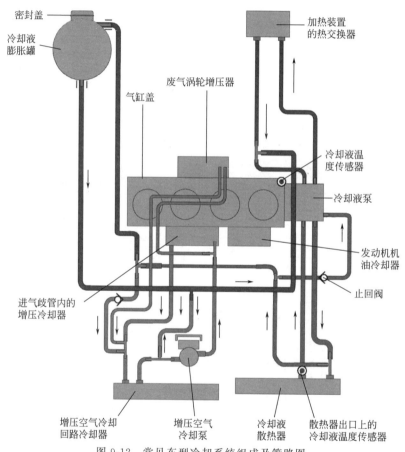

图9-12 常见车型冷却系统组成及管路图

(2) 冷却液泵的拆卸与更换

冷却液泵的拆卸与更换参见5.2节中的"(6) 冷却液泵的拆装及常见故障的排除"。

(3) 冷却器、散热风扇的拆卸与更换

冷凝器、散热风扇的装配情况分别如图9-13和图9-14所示。冷凝器和散热器风扇拆卸和安装如表9-4所示。

第9章 发动机润滑、冷却系统的维修

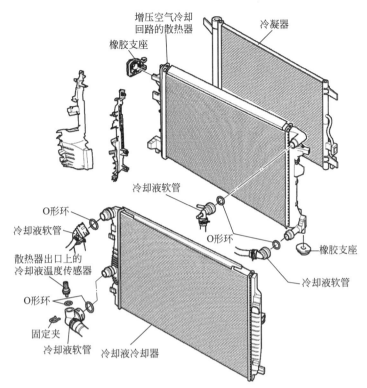

图 9-13 冷凝器装配图

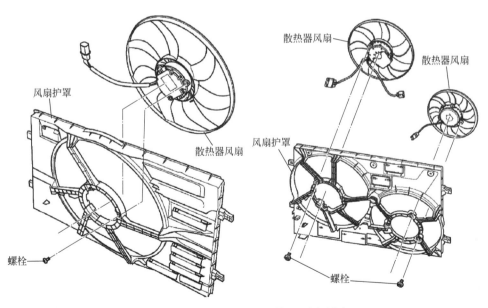

图 9-14 散热风扇装配图（单/双冷却风扇）

表 9-4　冷凝器和散热器风扇的拆卸与更换

步骤	详情	图示
1	抬起如图 9-15 所示箭头所指的固定夹，脱开增压空气冷却循环回路的散热器右上方的冷却液软管	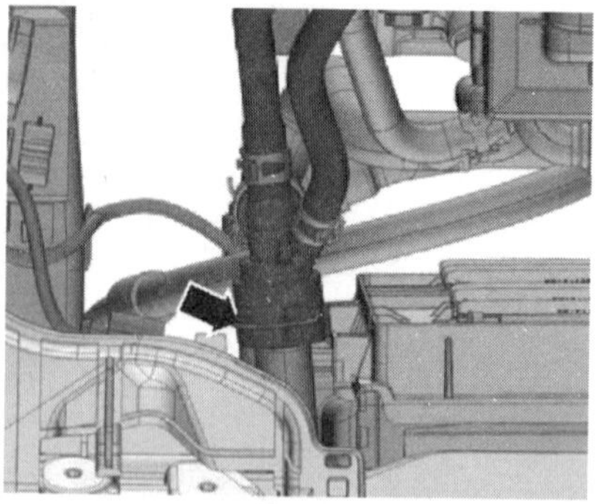 图 9-15　脱开散热器右上方的冷却液软管
2	抬起如图 9-16 所示箭头所指的固定夹，拆卸散热器左上方的冷却液软管	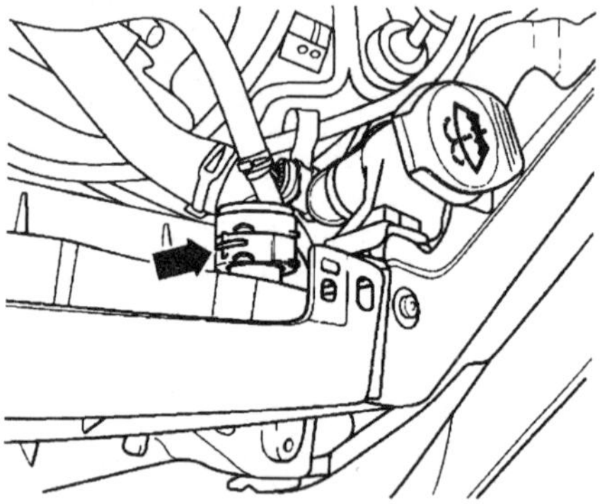 图 9-16　脱开散热器左上方的冷却液软管
3	如图 9-17 所示，沿箭头 A 方向向下压固定卡，解锁箭头 B 所指左右空气导流板上的固定卡，取下空气导流板	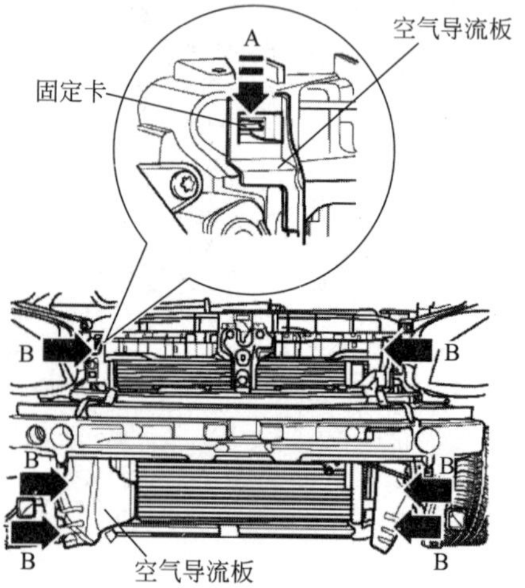 图 9-17　取下空气导流板

续表

步骤	详情	图示
4	如图9-18所示,松开箭头所指左右两侧的卡子,从增压空气冷却循环回路的散热器上松开冷凝器 在支架上绑紧冷凝器	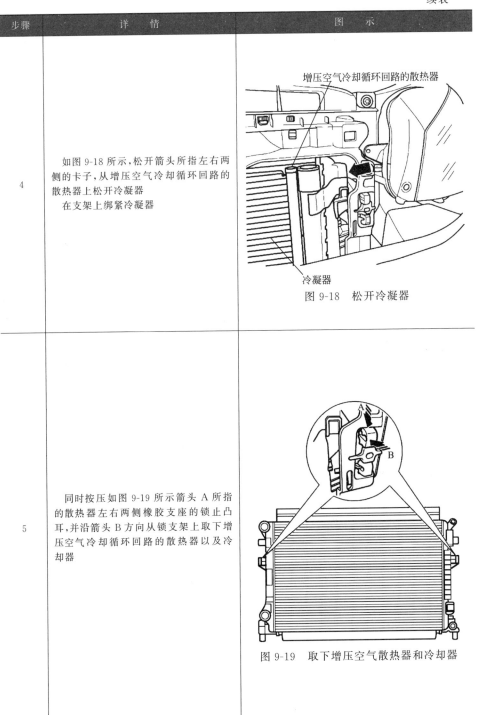 图9-18 松开冷凝器
5	同时按压如图9-19所示箭头A所指的散热器左右两侧橡胶支座的锁止凸耳,并沿箭头B方向从锁支架上取下增压空气冷却循环回路的散热器以及冷却器	图9-19 取下增压空气散热器和冷却器

续表

步骤	详情	图示
6	同时按压如图9-20所示箭头所指散热器左右与两侧的锁止凸耳,并从增压空气冷却循环回路的散热器上取下冷却器	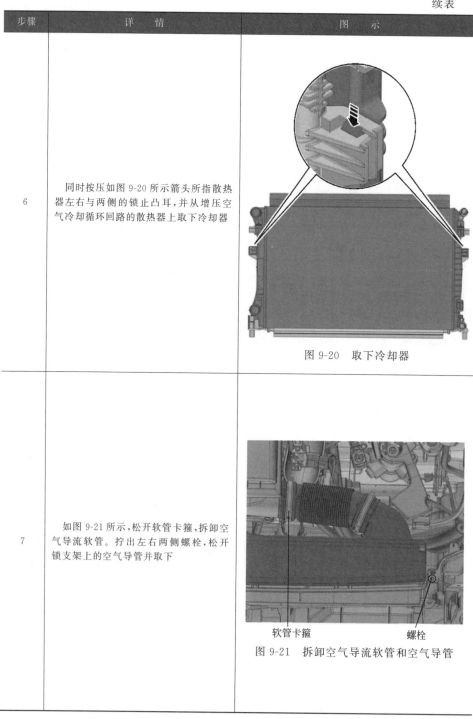 图9-20 取下冷却器
7	如图9-21所示,松开软管卡箍,拆卸空气导流软管。拧出左右两侧螺栓,松开锁支架上的空气导管并取下	软管卡箍　螺栓 图9-21 拆卸空气导流软管和空气导管

第 9 章　发动机润滑、冷却系统的维修

续表

步骤	详　情	图　示
8	如图 9-22 所示，向后推箭头 A 所指的固定卡，并向下按压解锁件，以便脱开散热器风扇的插接器。同时按下箭头 B 所指风扇护罩左右两侧的锁止凸耳，并向上从散热器中取出风扇护罩 从上部以合适的角度取出风扇护罩	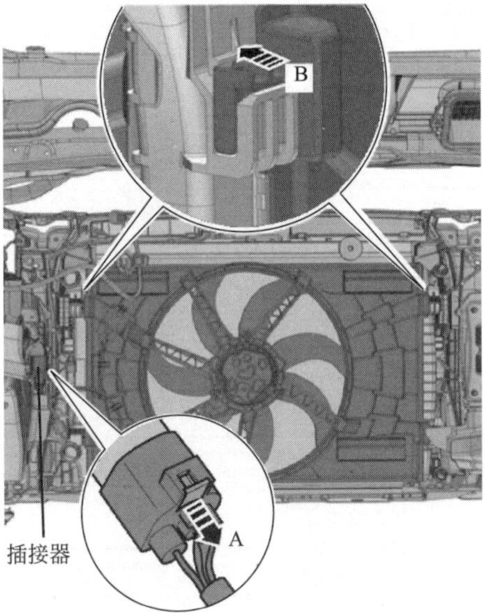 图 9-22　拆卸冷却风扇护罩
9	拆卸散热器风扇（单风扇类型） 如图 9-23 所示，脱开箭头 A 所指线束固定卡，拧出箭头 B 所指螺栓并取下散热器风扇	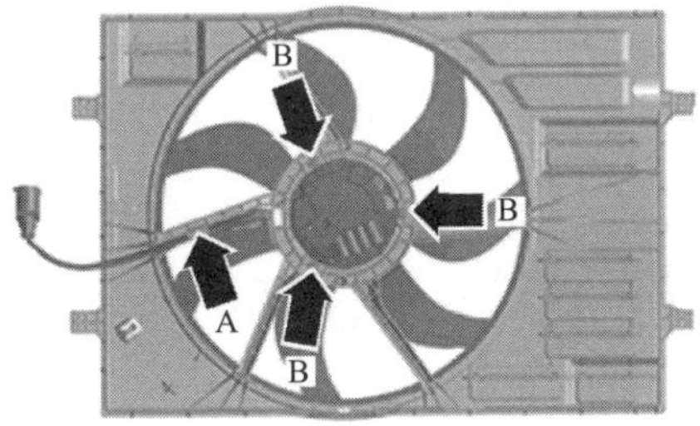 图 9-23　拆卸散热器风扇（单风扇类型）
10	拆卸散热器风扇（双风扇类型） 拆卸风扇护罩，脱开如图 9-24 所示的插接器，并将导线从支架上脱开，拧出箭头所指螺栓并取下散热器风扇	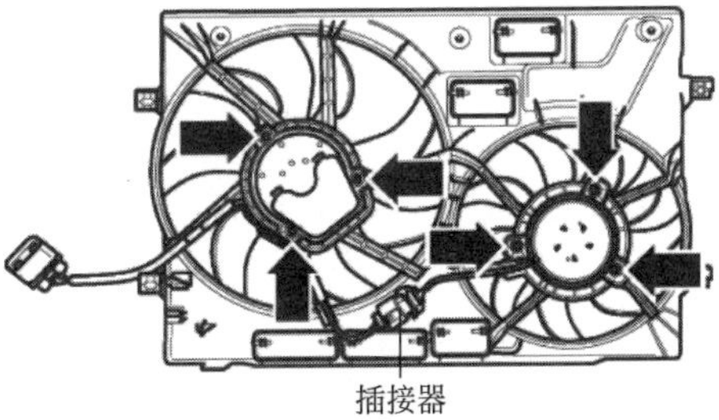 图 9-24　拆卸散热器风扇（双风扇类型）

续表

安装注意事项:在进行散热器拆卸和更换过程中应断开插接器,所有扎带在安装时不得改变其位置;安装顺序按照与拆卸相反的顺序进行即可

9.4 冷却系统常见故障的排除

(1) 冷却液消耗过快故障诊断流程

发动机冷却液消耗过快故障诊断流程如图 9-25 所示。

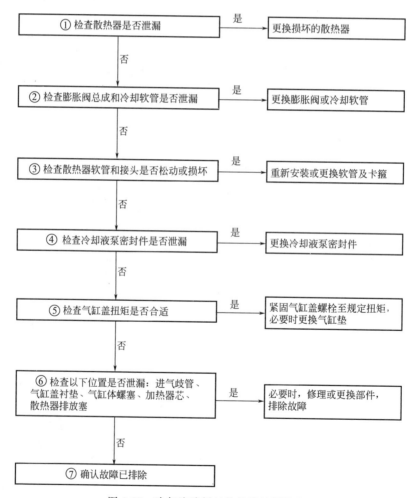

图 9-25 冷却液消耗过快故障诊断流程

第9章 发动机润滑、冷却系统的维修

(2) 发动机未达到正常工作温度故障诊断流程

发动机未达到正常工作温度故障排除流程如图 9-26 所示。

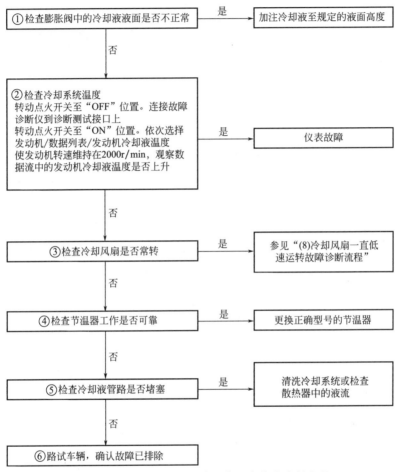

图 9-26 发动机未达到正常工作温度故障诊断流程

(3) 发动机过热故障诊断流程

发动机过热故障诊断流程如图 9-27 所示。

(4) 节温器诊断

节温器的诊断流程如图 9-28 所示。

(5) 冷却风扇控制方式及电路

吉利帝豪车系的高低速冷却风扇分别由高、低速风扇控制继电器控制,如图 9-29 所示,控制电路原理如图 9-30 所示。

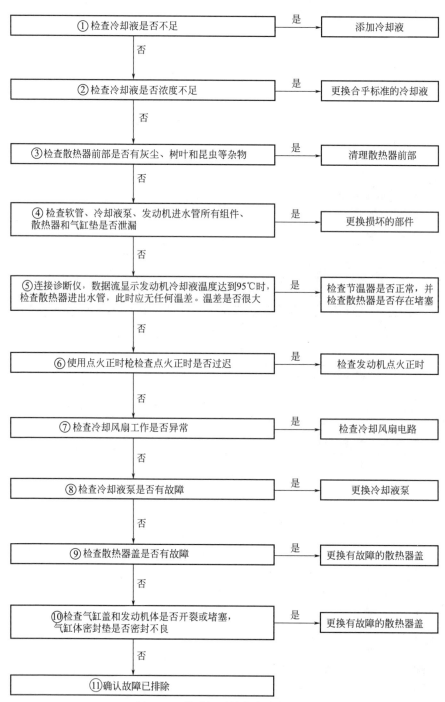

图 9-27　发动机过热故障诊断流程

第 9 章 发动机润滑、冷却系统的维修

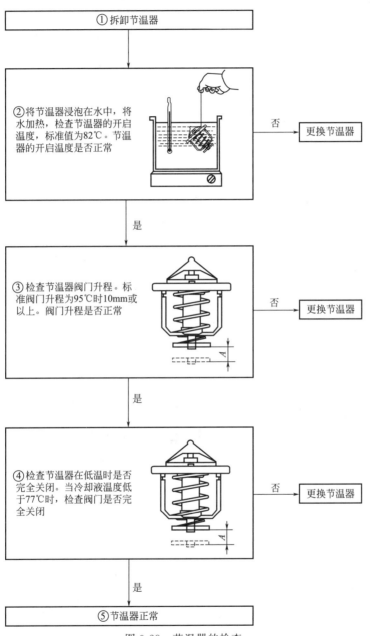

图 9-28 节温器的检查

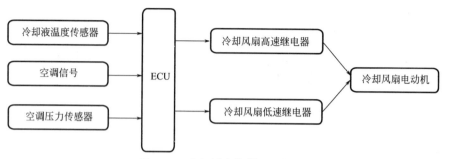

图 9-29 冷却风扇控制原理框图

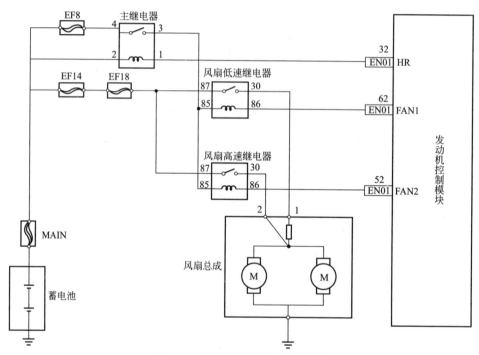

图 9-30 冷却风扇控制电路原理图

(6) 冷却风扇高速不运转故障诊断流程

冷却风扇高速不运转故障诊断流程如图 9-31 所示。

(7) 冷却风扇低速不运转故障诊断流程

冷却风扇低速不运转故障诊断流程可参考图 9-31，在熔丝继电器盒内找到低速冷却风扇继电器，参照图 9-31 所示流程即可。

(8) 冷却风扇一直低速运转故障诊断流程

冷却风扇一直低速运转故障诊断流程如图 9-32 所示。

第9章 发动机润滑、冷却系统的维修

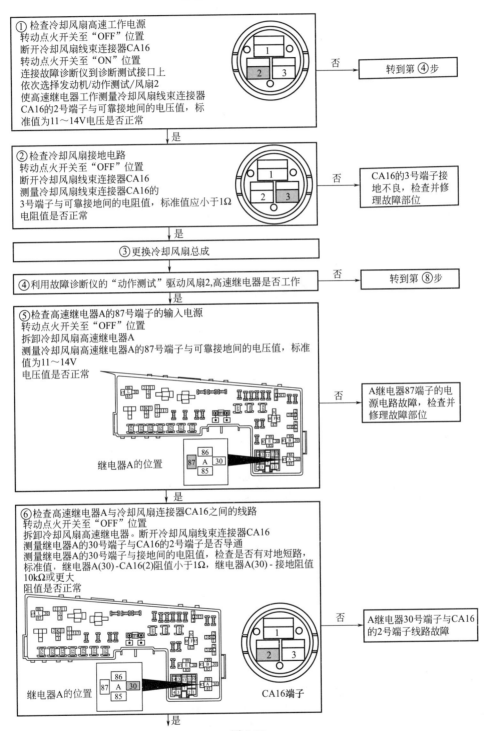

图 9-31

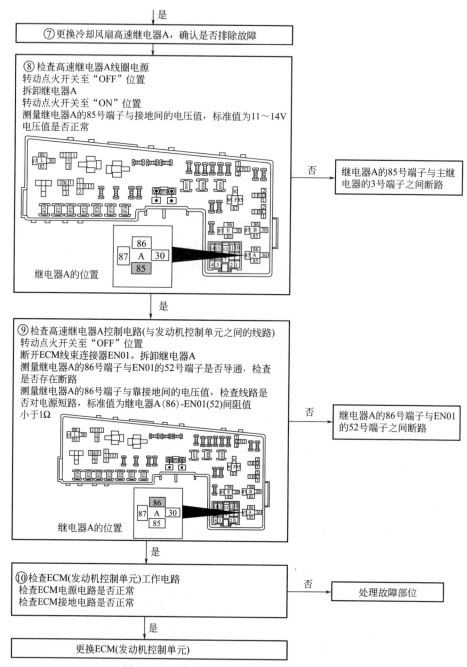

图9-31 冷却风扇高速不运转故障诊断流程

第 9 章 发动机润滑、冷却系统的维修

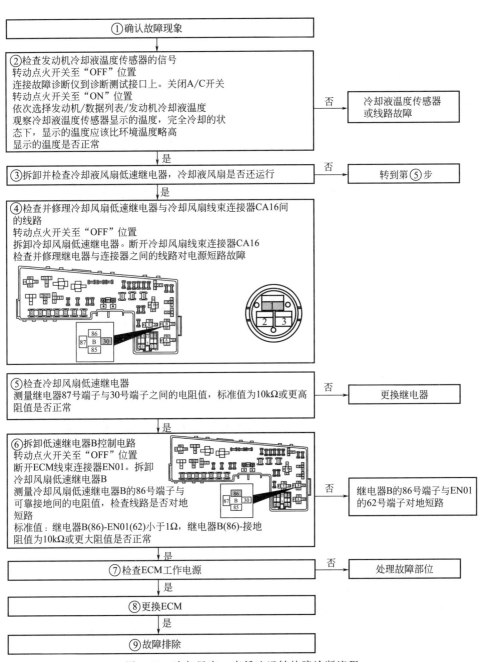

图 9-32 冷却风扇一直低速运转故障诊断流程

第10章

发动机点火系统的维修

10.1 点火系统概述及零部件位置图

[1] 点火系统概述

目前发动机都采用无分电器双缸同时点火或单缸独立点火系统,将点火电压直接从点火线圈传送至火花塞。点火系统部件主要由 ECM、两个或多个点火线圈、高压阻尼线、火花塞、曲轴位置传感器、凸轮轴位置传感器、爆燃传感器等组成,如图 10-1 所示。这种无分电器点火方式称为直接点火方式。

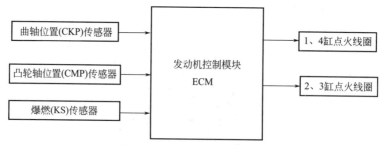

图 10-1 点火系统组成示意图

采用双缸同时点火时每个气缸与它对侧的气缸配对,1 缸与 4 缸配对,2 缸与 3 缸配对。当 ECM 触发点火线圈开始点火时,火花同时在这两个气缸内出现,此时两个气缸一个处于压缩行程一个处于排气行程。处于排气行程的气缸由于气缸压力低、温度高、点火电压突破火花塞间隙只需要极少能量,因此是无效点火,剩余能量可供处于压缩行程气缸中的火花塞使用。

由于采用了无分电器点火系统,ECM 可以根据发动机的各种负荷情形控制最佳的点火正时,使发动机的输出功率、加速性、经济性和废气排放等都达到最理想的状态,而且点火系统的电压不会随着转速的增加而降低。由于没有机械性元器件,因此也没有机械误差产生。

第10章 发动机点火系统的维修

点火线圈不能维修,必须作为总成进行更换。

(2) 系统工作原理

吉利帝豪 EC7 汽车点火系统电路如图 10-2 所示。其工作原理如下:

当点火开关处于"ON"或者"ST"位置时,点火开关线束连接器 IP23 的 1 号端子与 2 号端子相通,使 IG1 继电器线圈构成一个完整回路,蓄电池电压经过 EF14、EF22 熔丝、IG1 继电器、IF30 熔丝后到达点火线圈,给点火线圈提供工作电源。

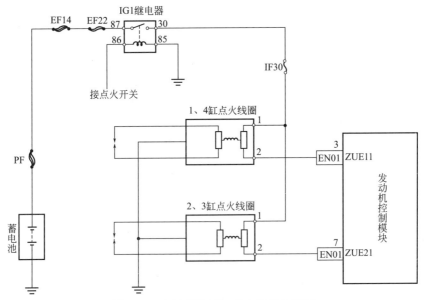

图 10-2 吉利帝豪 EC7 点火系统电路图

曲轴位置传感器为磁感应式转速传感器。曲轴位置传感器信号盘与飞轮是一个整体,当发动机转动时曲轴位置传感器信号盘也开始旋转,所以传感器也产生相应的交变信号,该信号输送给 ECM,ECM 根据此信号计算当前的曲轴转角,以确定活塞到达上止点的基准,直接影响点火提前角控制的准确性,所以该传感器信号是点火系统中至关重要的一个输入信号。当 ECM 无法接收到该信号时,点火系统无法工作。ECM 线束连接器 EN01 的 46 号、47 号端子接收曲轴位置传感器输入的信号,经过计算后得出点火提前角度,然后通过 ECM 线束连接器 EN01 的 3 号端子控制 1、4 缸点火,7 号端子控制 2、3 缸点火。

(3) 系统部件位置

吉利帝豪 EC7 点火系统元器件位置及点火开关装配情况如图 10-3 和图 10-4 所示。

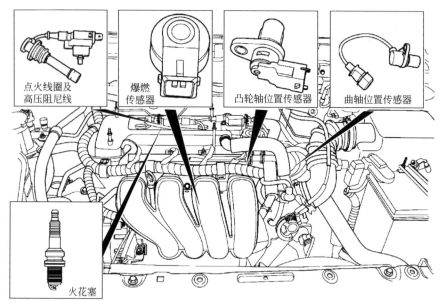

图 10-3　吉利帝豪 EC7 点火系统元器件位置图

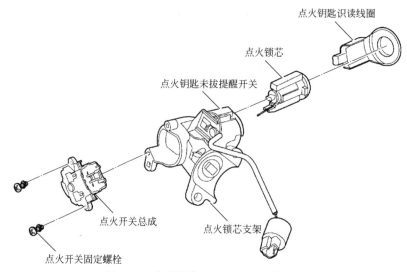

图 10-4　吉利帝豪 EC7 点火开关装配图

10.2　点火系统零部件的拆卸

[1] 凸轮轴位置传感器的更换

参见 6.2 节中的"（7）霍尔传感器的拆装"。

第10章 发动机点火系统的维修

(2) 曲轴位置传感器的更换

参见 6.2 节中的"(8) 发动机转速/曲轴位置传感器的拆装"。

(3) 爆燃传感器的更换

参见 6.2 节中的"(6) 爆燃传感器的拆装"。

(4) 点火线圈/火花塞的更换

参见 5.2 节中的"(4) 更换点火线圈/火花塞"。

10.3 点火系统常见故障的诊断（以吉利帝豪EC7为例）

(1) 点火开关的检查

吉利帝豪 EC7 点火开关线束插接器及端子间的逻辑关系如图 10-5 所示，点火开关的检查如表 10-1 所示。

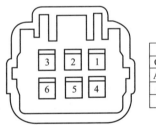

图 10-5　吉利帝豪 EC7 点火开关线束插接器及端子逻辑关系

表 10-1　点火开关的检查

步骤	详　情		
1	转动点火开关至"OFF"位置		
2	断开点火开关线束连接器		
3	拆卸点火开关总成		
4	测量点火开关端子之间的导通性，标准状态如下所示		
	位置	相关端子	标准
	OFF	所有端子间	无穷大
	ACC	1-3	导通
	ON	1-2-3	导通
		5-6	
	ST	1-2	导通
		4-5-6	

165

(2) 点火继电器 IG1 无电流输出

点火继电器 IG1 无电流输出故障诊断流程如图 10-6 所示。

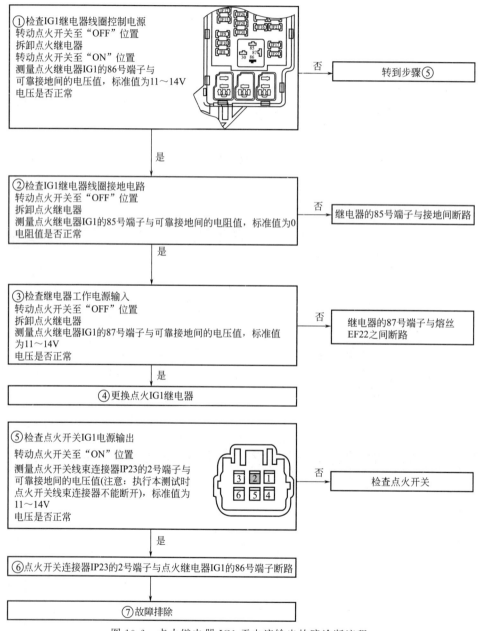

图 10-6　点火继电器 IG1 无电流输出故障诊断流程

第10章 发动机点火系统的维修

(3) 火花塞不跳火

火花塞不跳火故障诊断流程如图10-7所示。

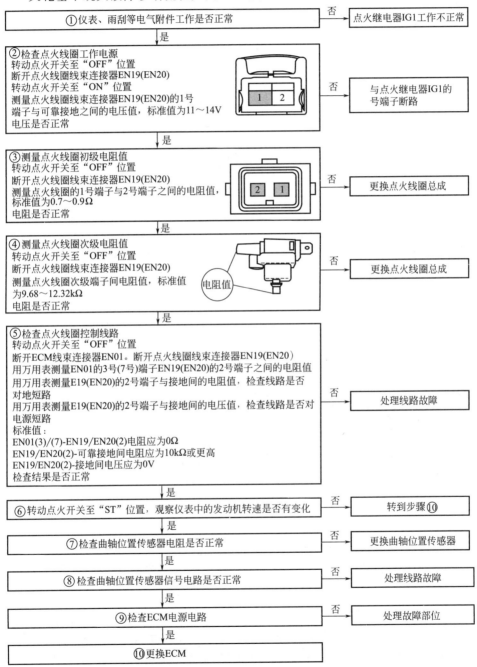

图10-7 火花塞不跳火故障诊断流程

(4) 火花塞的检查

火花塞结构和检查步骤如图 10-8 所示。

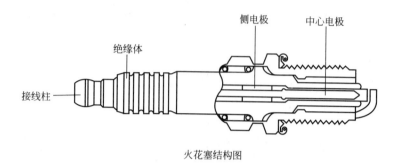

火花塞结构图

① 拆卸火花塞，参见 5.2 中的 "(4)更换点火线圈/火花塞"

② 检查端子接线柱 A 是否弯曲或断裂。通过拧动和拉动接线柱的方式测试端子接线柱 A 是否松动

③ 检查绝缘体 B 是否跳火或有漏电痕迹，这是由端子接线柱 A 和接地点之间的绝缘体 B 两端之间放电而引起的
检查是否存在如下状况：
检查高压阻尼线是否损坏
检查气缸盖的火花塞槽部位是否潮湿，不得有机油、冷却液或水，火花塞套管完全受潮后会引起电弧放电

④ 检查绝缘体是否有裂纹，否则会引起放电

⑤ 检查中心电极是否有异常放电的迹象。测量中心电极之间的间隙
检查火花塞扭矩是否正确。火花塞的拧紧力矩为 20～30N·m，扭矩不足火花塞将不能正常工作，火花塞紧固扭矩过大可能引起绝缘体开裂
检查绝缘体尖端而不是中心电极附近是否有漏电迹象
检查侧电极是否断裂或磨损
通过摇动火花塞检查中心电极是否断裂、磨损或松动。如果听到"喀啦"声则表示内部已损坏。中心电极若松动则会降低火花强度
检查中心电极和侧电极之间是否存在搭桥短接现象，中心电极上的沉积物会减小甚至消除它们的间隙
检查电极是否过于脏污

⑥ 检查气缸盖的火花塞槽部位是否有杂屑，若有则在安装过程中可能会损坏火花塞

图 10-8 火花塞结构及检查步骤

(5) 火花塞在使用中的故障现象

在维修检测中可以通过火花塞的外在表现特性判断发动机的常见故障，如表 10-2 所示。

第10章 发动机点火系统的维修

表 10-2 火花塞在使用中的故障现象

现象	可能原因
电极熔化且绝缘体呈白色	燃烧室内温度过高,这可能是因为燃烧室内积炭过多使气门间隙过小等引起的排气门过热或是冷却装置工作不良,也可能是因为火花塞未按规定力矩拧紧等
电极变圆且绝缘体结有疤痕	表明发动机早燃,可能是点火时间过早或者汽油辛烷值低、火花塞热值过高等原因
绝缘体顶端碎裂	爆燃是绝缘体破裂的主要原因,而点火时间过早、汽油辛烷值低、燃烧室内温度过高都可能导致发动机爆燃
绝缘体顶端有灰黑色条纹	这种条纹标志着火花塞已经漏气,应更换新件
火花塞上有油性沉积物	表明润滑油进入燃烧室内。如果只是个别火花塞,则可能是气门杆油封损坏。如果各缸火花塞都粘有这种沉积物,则表明气缸窜油,应检查空气滤清器和通风装置是否堵塞
火花塞电极和内部有黑色沉积物	混合气过浓,可以增大发动机运转速度,并持续几分钟,就可烧掉留在电极上一层黑色的煤烟层
火花塞中心电极严重烧蚀,如图 10-9 所示	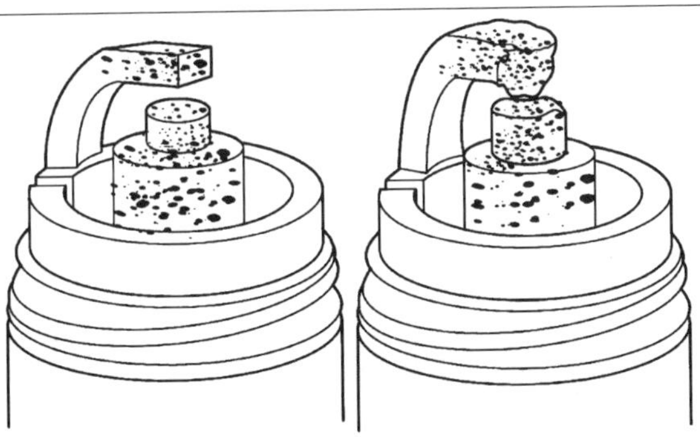 图 10-9 火花塞烧蚀
火花塞积炭,如图 10-10 所示	 图 10-10 火花塞积炭

第11章 发动机燃油供给系统的维修

11.1 燃油供给系统概述

(1) 燃油供给系统介绍

燃油供给系统的功能是在各种工况下,为发动机提供合适的燃油量。通过燃油喷射器将燃油喷射到发动机中。燃油箱储存燃油。电动燃油泵安装在燃油箱内,它将燃油泵入燃油分配管总成。燃油泵提供的压力超过燃油喷射器所需要的压力。燃油压力调节器是燃油泵总成的一部分,它保持规定的压力向燃油喷射器供应燃油。目前大部分车辆燃油供给系统采用无回油油路。燃油系统部件及功能如表11-1所示。

表11-1 燃油系统部件及功能

部件	功能
燃油箱	燃油箱由高密度聚丙烯等材料制成。燃油箱一般由2个连接在车身底部的金属箍带固定就位。燃油箱还有一个具有翻车保护功能的燃油蒸气通风阀
燃油箱加注盖	燃油箱加注管在加注口盖上装备有一个拧动即可通气的螺纹结构,采用了棘齿操作以防止紧固过度,拧动即可通气的功能使得在拆卸前就可以卸去燃油箱内部的压力。加注口盖上印有正确使用的说明。此加注口盖中还集成了一个真空安全限压阀
燃油泵	电动燃油泵是位于模块化燃油输送器内部的涡轮泵。电动燃油泵的工作由发动机控制模块(ECM)通过燃油泵继电器进行控制。电动燃油泵将提前2s开始供油,保证燃油管路中的油压达到系统压力的要求,其正常电阻值范围为0.2~3.0Ω。部分车型电动燃油泵自带储油桶,以保证在油位较低或猛烈操作车辆时能正常供油
燃油压力调节器总成	燃油压力调节器集成在燃油泵总成上。燃油压力调节器的主要功能是调节流入供油管路的燃油流量,以控制燃油喷射器处的压力。在点火开关置于"ON"位置且发动机关闭时,系统燃油压力应在400kPa左右
电动燃油泵滤网	滤网作为粗滤清器起到以下功能:滤清污染物、延长电动燃油泵的使用寿命。如发现电动燃油泵的输出压力过小时,应清洗或更换滤网
燃油滤清器总成	燃油滤清器总成位于后悬挂前部,固定在车架上。滤清器由纸质滤芯组成,可以过滤掉燃油中可能损坏燃油系统部件的颗粒。燃油滤清器能够承受最大的燃油供给系统压力、温度的变化以及燃油添加剂的作用

第 11 章 发动机燃油供给系统的维修

续表

燃油油位传感器总成	燃油油位传感器由浮子、线束臂、变阻片、滑动片等组成。变阻片固定在支架上,滑动片上装有带刷子的金属触点拨叉,并可在变阻片上滑动。传感器根据滑动触点的位置,向组合仪表提供可变的电路电阻值,电阻值范围为 40~300 Ω。电路线束从变阻片引出并延伸,以便和燃油泵线束连接器连接
燃油分配管	燃油分配管包括以下部分:将燃油输送到每个燃油喷射器的管路、4 个独立的燃油喷射器。燃油分配管安装在进气歧管上,并通过各自的燃油喷射器给每个气缸分配燃油
喷油器	喷油器是一种电磁阀装置,由发动机控制模块控制。当发动机控制模块为喷油器线圈接通供电电路时,常闭球阀打开,允许燃油通过导流器板流到喷油器出口。导流器板有孔,用于控制燃油流量,并在喷油器出口处产生双重锥形极细的燃油喷雾。燃油从喷油器出口被喷射至两个进气门,使燃油在进入燃烧室前进一步汽化。如果喷油器发生下列情况,将导致不同的车辆动力性能故障:喷油器不能开启、喷油器卡在开启位置、喷油器泄漏、喷油器线圈电阻过低等。喷油器正常电阻值范围为 11.6~12.4Ω
燃油管 O 形密封圈	O 形密封圈密封燃油供给系统中的螺纹连接部位。燃油供给系统的 O 形密封圈由特殊材料制成

(2) 燃油供给系统的原理

进气歧管绝对压力传感器测量或感知进气歧管的真空度。在燃油量需求较多时,进气歧管的绝对压力处于低真空状态,如节气门全开。发动机控制模块利用该信息加浓混合气,从而增加燃油喷射器的接通时间,喷射正确的燃油量。当发动机减速时,真空度增加,进气歧管绝对压力传感器检测到真空度增大,发动机控制模块根据该变化要求缩短燃油喷射器接通时间,减少供油量。燃油供给系统在汽车运行各阶段的原理如表 11-2 所示。

表 11-2 燃油供给系统在汽车运行各阶段的原理

启动模式	当点火开关接通时,发动机控制模块接通燃油泵继电器 2s。然后,燃油泵即建立了燃油压力。发动机控制模块还检查发动机冷却液温度传感器和节气门位置传感器,并确定启动发动机最合适的空燃比。发动机控制模块通过改变燃油喷射器开启和关闭的时间长度,控制启动模式供油量。这是通过持续时间极短的脉动方式控制燃油喷射器实现的
加速模式	发动机控制模块响应节气门位置和气流的快速变化并提供额外的燃油
减速模式	发动机控制模块响应节气门位置和气流量变化并减小供油量。当快速减速时,发动机控制模块可短时间完全切断燃油
蓄电池电压校正模式	当蓄电池电压过低时,发动机控制模块利用如下方法补偿点火模块提供的弱火花:增加燃油喷射器脉冲宽度,提高怠速转速,增加点火持续时间
断油模式	当点火开关关闭时,燃油喷射器不供油。这样可防止发动机续燃或不能熄火。此外,如果未接到来自电气中心的参考脉冲,也不供油,从而防止溢油

(3) 燃油供给系统元器件位置图

燃油箱盖的位置如图 11-1 所示;燃油箱及管路布置如图 11-2 所示;燃油箱的俯视图见图 11-3;电动燃油泵的构造如图 11-4 所示;燃油分配管及喷油器的

安装位置如图 11-5 所示；燃油分配管和喷油器的安装情况如图 11-6 所示；燃油系统控制示意图见图 11-7。

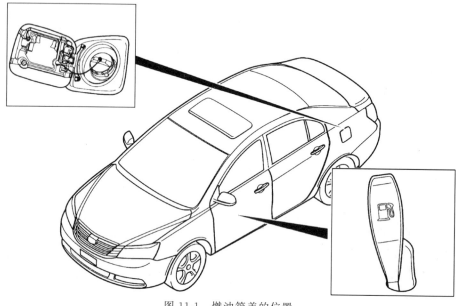

图 11-1　燃油箱盖的位置

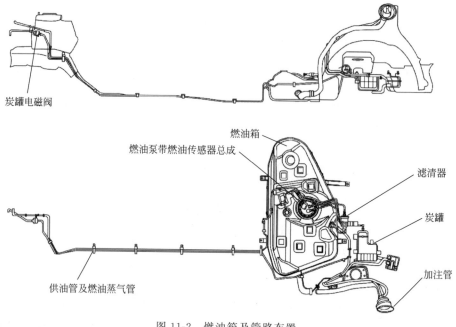

图 11-2　燃油箱及管路布置

第 11 章 发动机燃油供给系统的维修

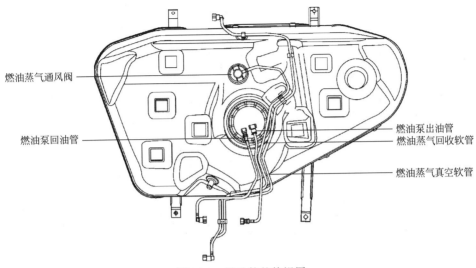

图 11-3 燃油箱的俯视图

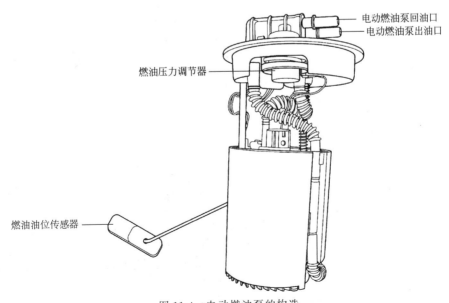

图 11-4 电动燃油泵的构造

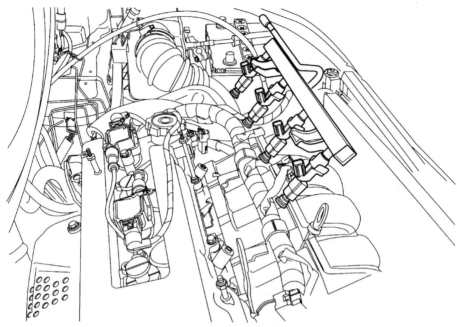

图 11-5 燃油分配管及喷油器的安装位置

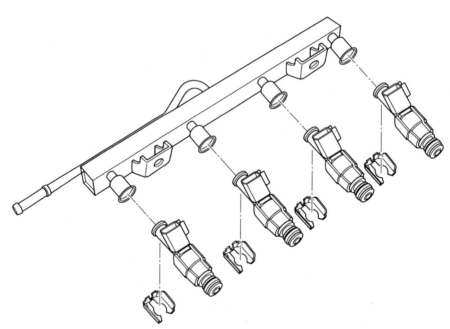

图 11-6 燃油分配管和喷油器的安装图

第 11 章 发动机燃油供给系统的维修

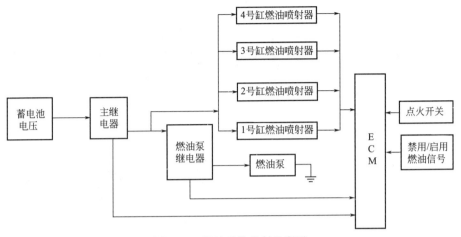

图 11-7 燃油系统控制示意图

11.2 燃油供给系统部件的拆装

(1) 燃油压力的释放

燃油供给系统存在压力,在拆卸燃油供给系统部件前应先对燃油系统进行泄压操作。燃油供给系统压力释放过程如表 11-3 所示。

表 11-3 燃油供给系统压力释放

操作步骤	图示
①打开油箱盖 ②打开发动机舱盖,拔出机舱熔丝燃油泵熔丝(图 11-8) ③启动发动机直至发动机自动熄火 ④发动机熄火后再次启动发动机,使曲轴继续转动约 10s	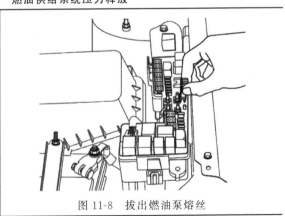 图 11-8 拔出燃油泵熔丝

(2) 燃油滤清器的拆卸及更换

参见 4.2 节中的"(2)③燃油滤清器的更换(外置式)"。

(3) 燃油泵总成的拆卸及更换

燃油泵安装在燃油箱内,拆卸燃油泵前应先按照要求拆卸后排座椅或拆下整个燃油箱。燃油泵的拆卸与更换如表11-4所示。

表11-4 燃油泵的拆卸与更换

步骤	详情	图示
拆卸		
1	①释放燃油压力 ②断开蓄电池负极电缆 ③拆卸后排座椅坐垫 ④拆卸燃油泵检测盖	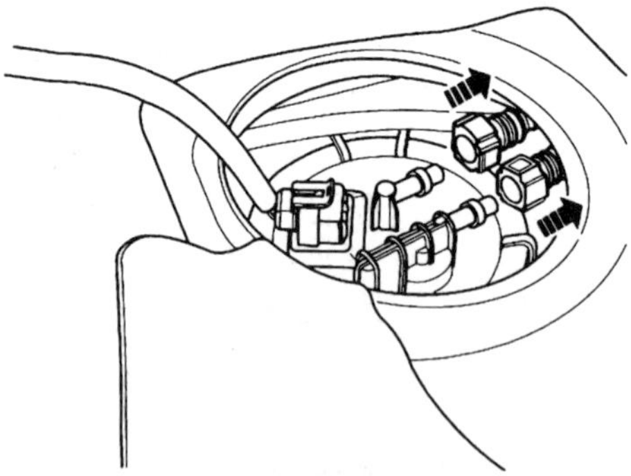
2	断开燃油泵线束连接器	
3	断开燃油泵出油管及回油管,如图11-9所示	图11-9 断开燃油泵出油管及回油管
4	①逆时针拧松并拆卸燃油泵锁环,如图11-10所示 ②拆卸燃油泵总成	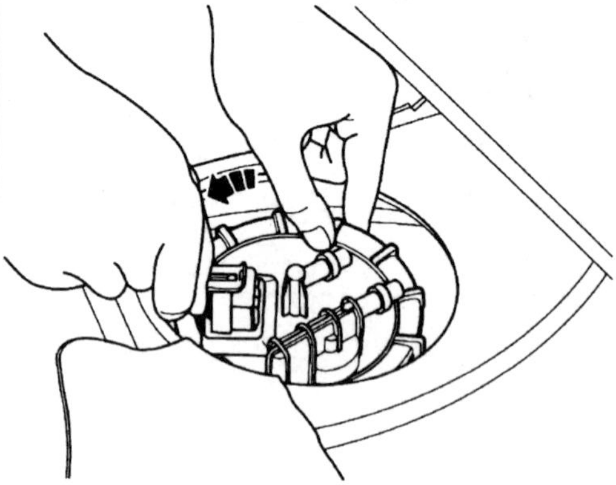 图11-10 拆卸燃油泵锁环
安装及更换		
1	①清洁燃油泵密封圈与油箱的接合面 ②安装新的燃油泵密封圈 ③安装燃油泵总成	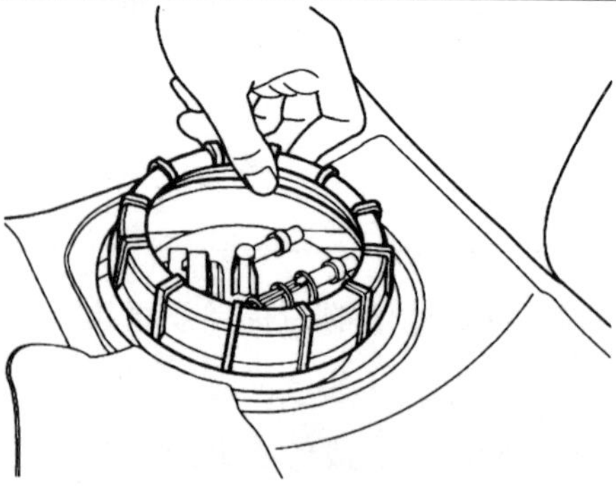
2	安装燃油泵锁环并顺时针拧紧燃油泵锁环,如图11-11所示	图11-11 安装燃油泵锁环

续表

步骤	详情	图示
3	连接燃油泵出油管,如图 11-12 所示	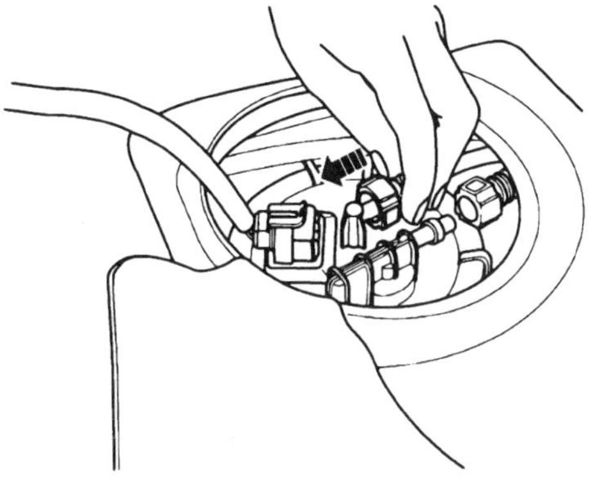 图 11-12 连接燃油泵出油管
4	连接燃油泵回油管,如图 11-13 所示	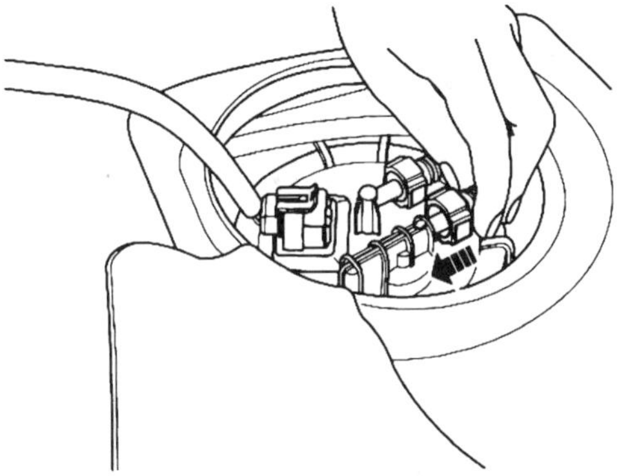 图 11-13 连接燃油泵回油管
5	连接燃油泵线束连接器,如图 11-14 所示	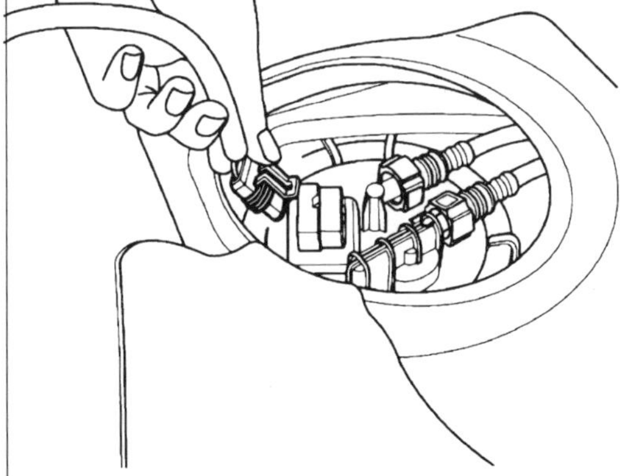 图 11-14 连接燃油泵线束连接器

续表

步骤	详情	图示
6	①安装燃油泵检测盖,注意箭头对正车身前部,如图11-15所示 ②安装后排座椅 ③连接蓄电池负极电缆	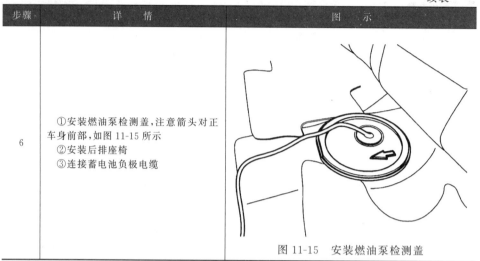 图11-15 安装燃油泵检测盖

(4) 燃油表传感器的拆卸及更换

燃油表传感器与燃油泵安装在一起,拆卸或更换时须先按照表11-4所示的方法拆卸燃油泵。燃油表传感器的拆卸及更换如表11-5所示。

表11-5 燃油表传感器的拆卸及更换

步骤	详情	图示
拆卸		
1	①按照表11-4所示的方法拆卸燃油泵总成 ②断开如图11-16所示的燃油表传感器导线1和2	图11-16 断开导线

第 11 章 发动机燃油供给系统的维修

续表

步骤	详情	图示
2	①断开燃油表传感器线束扎带 ②如图 11-17 所示两手按住燃油表传感器卡扣向上移动,拆卸燃油表传感器	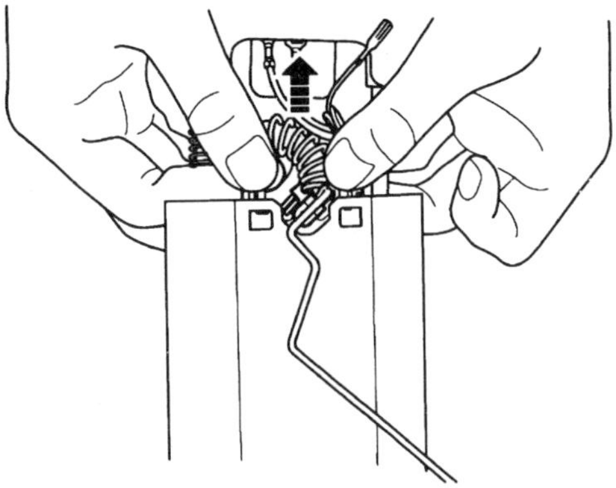 图 11-17 拆卸燃油表传感器

安装

步骤	详情	图示
1	按照如图 11-18 所示的方法将燃油表传感器装入燃油泵总成中	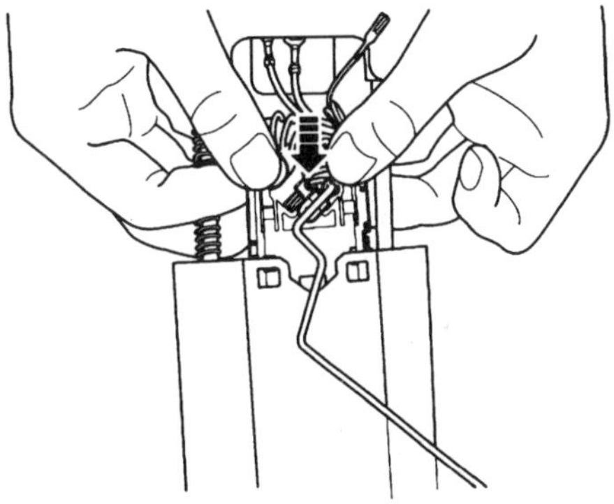 图 11-18 安装燃油表传感器到燃油泵总成中
2	如图 11-19 所示,连接燃油表传感器的黑色导线	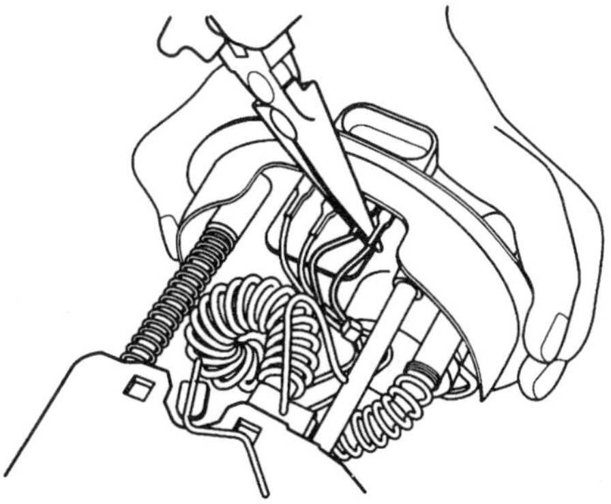 图 11-19 连接燃油表传感器的黑色导线

续表

步骤	详情	图示
3	①连接燃油表传感器的红色导线,如图11-20所示 ②用扎带固定燃油表连接线束 ③安装燃油泵,参照表11-4 ④安装后排座椅坐垫 ⑤连接蓄电池负极电缆	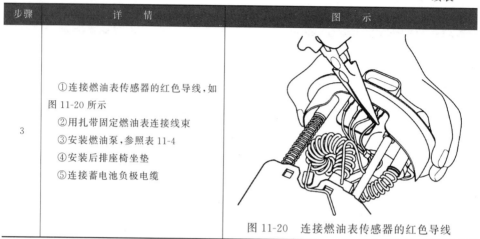 图11-20 连接燃油表传感器的红色导线

(5) 燃油质量引起的发动机爆燃故障案例

燃油质量引起的发动机爆燃故障案例如表11-6所示。

表11-6 燃油质量引起的发动机爆燃故障案例

故障现象	热车后原地急踩加速踏板,明显听到发动机内部有"咯咯咯"的响声;行车时转速超3000r/min后,发动机也发出"咯咯咯"的响声。行车无力,冷车时故障不明显
故障诊断	①用VAS5052A对车辆进行自诊断,无故障码,怠速读取发动机数据量均没有问题,说明电控系统是正常的 ②停车将转速升到4000r/min,此时有很明显的"咯咯咯"的响声。用听诊器依次听各缸的位置,发现每缸的响声是一样的。分别进行断缸试验,依次断开各缸的喷油器,各缸响声一样。暂时判断机械部分正常 ③经过以上分析,说明故障不在原车质量。怀疑是汽油的问题,由于开始时没有读取故障状态的数据流,因此在出现故障时重新读数据流。发现发动机响声是由于爆燃导致的,并会使发动机动力下降。因此,集中对爆燃原因进行分析。产生爆燃的原因如下: • 汽油质量:由于燃油中混有低燃点物质,会导致燃气混合物在火花塞点火前自动爆燃 • 发动机温度过高:进气温度过高可导致爆燃 • 点火角过早:在压缩行程时已有较多的汽油燃烧,导致还没有燃烧的混合气承受极大的压力而自燃 • 混合气过稀:由于燃烧时间过长导致部分继续燃烧的混合气进入下一循环 • 燃烧室积炭:压缩比增大而产生高压,积炭表面产生高温热点而爆燃 • 使用热值不对的火花塞:压缩行程时,过热的火花塞会点燃混合气 ④通过数据流,可确认发动机温度和点火角正常;由于是新的发动机,燃烧积炭和混合气过稀的可能性较少;火花塞采用的是原厂火花塞。现在就怀疑汽油质量有问题了 ⑤清洗油箱,更换全部汽油及汽油滤清器,启动后试车,异响消失
故障分析	当发动机控制单元检测到爆燃后,会推迟点火来消除爆燃。因为发动机控制单元将点火角延迟到极限,所以会导致动力不足;但由于爆燃延迟有极限,汽油质量太差,即使延迟到最后也产生爆燃,此时发动机控制单元不会再采取其他控制方法,只能让发动机爆燃
故障排除	清洗油箱,更换汽油滤清器及全部汽油

11.3 燃油供给系统常见故障的诊断

(1) 燃油压力检测

燃油压力检测过程如图11-21所示。

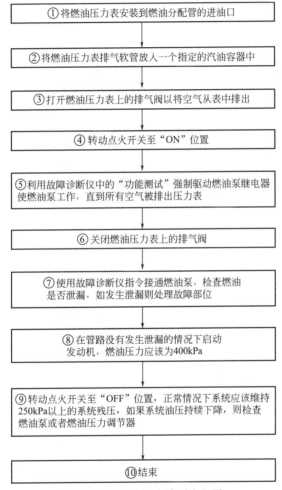

图 11-21 燃油压力检测流程图

(2) 燃油泵不工作故障排除流程

燃油泵控制系统电路如图11-22所示。燃油泵不工作故障排除流程如图11-23所示。

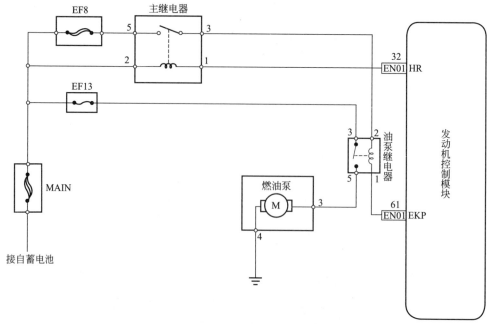

图 11-22 燃油泵控制系统电路图（吉利帝豪 EC7）

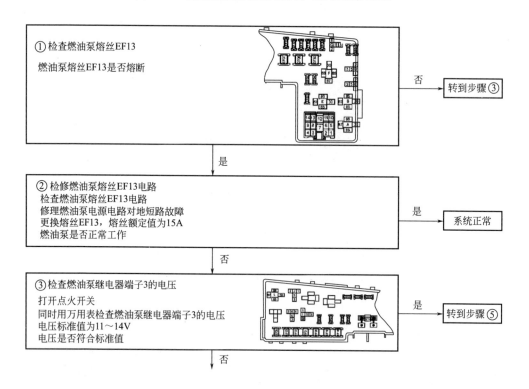

第 11 章 发动机燃油供给系统的维修

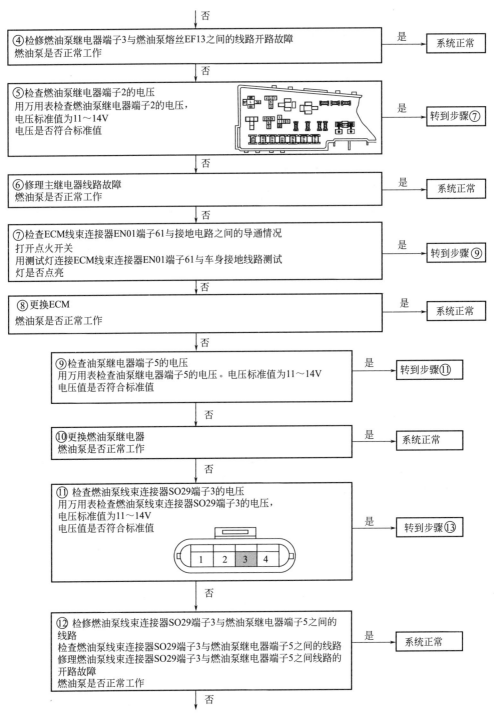

图 11-23

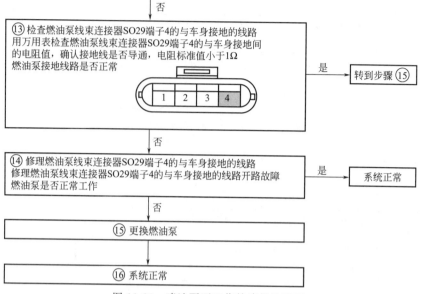

图 11-23　喷油泵不工作故障排除流程

(3) 喷油器不喷油故障排除流程

喷油器控制电路如图 11-24 所示；喷油器不工作故障排除如图 11-25 所示。

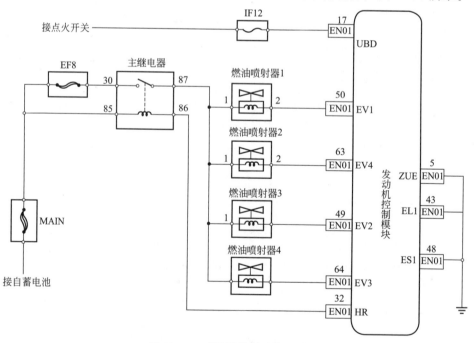

图 11-24　喷油器控制系统电路图

第 11 章 发动机燃油供给系统的维修

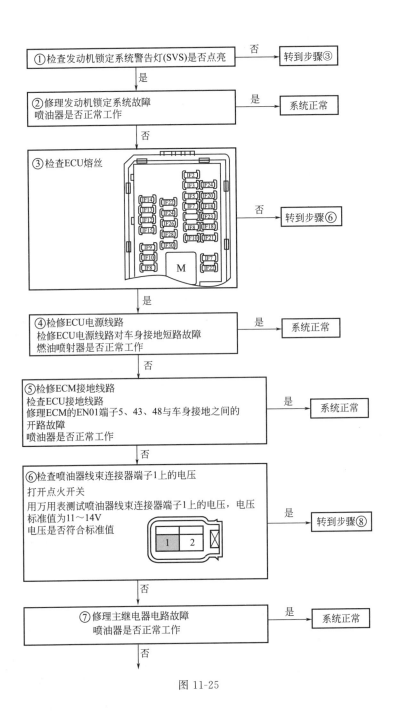

图 11-25

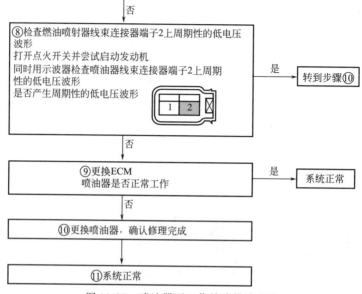

图 11-25 喷油器不工作故障排除流程

(4) 行驶中喘振故障的排除流程

行驶中喘振故障的排除流程如图 11-26 所示。

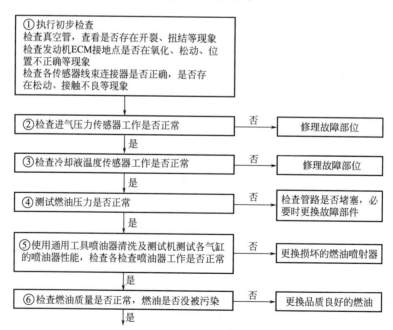

第 11 章 发动机燃油供给系统的维修

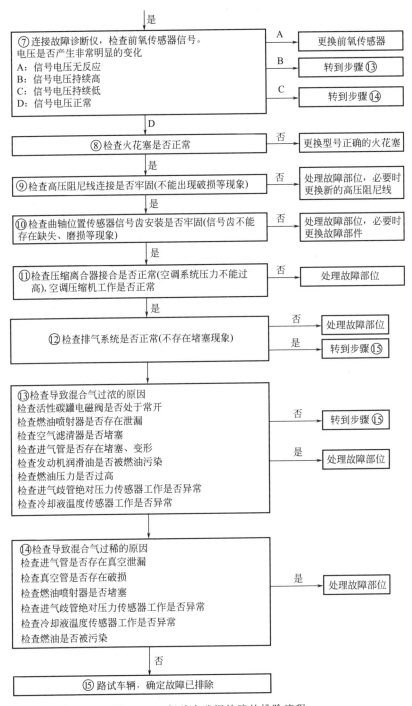

图 11-26 行驶中喘振故障的排除流程

第12章

发动机控制系统的维修

12.1 发动机控制系统的组成与功能

发动机控制系统主要由发动机控制模块（ECM），ECM工作电路，系统输入、输出部件组成。ECM位于空调鼓风机的右边，是发动机控制系统的控制中心。它不断监测来自各个传感器的信号，并控制影响车辆性能的各个系统。发动机控制模块还执行系统诊断功能，可识别操作故障，并通过故障指示灯（MIL）提醒驾驶员并存储指示故障部位的故障诊断码，以便于维修人员进行维修。

如果发动机控制模块损坏，模块内部没有单一的零配件可以维修。ECM必须作为一个整体进行更换。

发动机控制单元组成及基本输入、输出部件如图12-1所示。

输入信息部件：曲轴位置传感器（CKP）、凸轮轴位置传感器（CMP）、进气歧管绝对压力传感器（MAP）、进气温度传感器（IAT）、爆燃传感器（KS）、节气门位置传感器（TPS）、蒸发箱表面温度传感器、冷却液温度传感器（ECT）、车速传感器（VSS）、前氧传感器（HO2S）、后氧传感器（HO2S）、空调压力开关、动力转向开关、除霜加热启用输入、CAN信息输入、串行数据线输入等。

输出部件：怠速控制阀（IAC）、1-2-3-4缸燃油喷射器、点火线圈、可变气门正时电磁阀（VVT）、活性炭罐电磁阀（EVAP）、主继电器、油泵继电器及油泵、冷却风扇低速继电器、冷却风扇高速继电器、空调压缩机继电器、CAN信息输出、串行数据线输出等。

控制单元的作用是根据发动机的进气量和转速信号计算出基本喷油持续时间，以接近理想空燃比的混合气供发动机工作，并控制其运转。例如，在冷车启动时，ECM根据有关信号，通过增加喷油量和控制怠速控制阀等执行元件，使发动机顺利启动并控制怠速的转速。此外，ECM还具有故障自诊断和保护功能，当发动机出现故障时，控制单元可自动诊断故障和保存故障码，并通过故障指示

第 12 章 发动机控制系统的维修

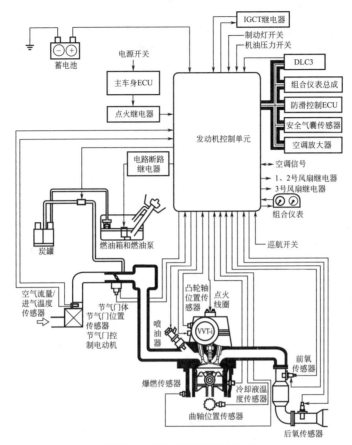

图 12-1　发动机控制系统组成

灯发出警告,所保存的故障码在一定的触发条件下还可以输出。当传感器或执行器失效时,ECM 自动启动其备用系统投入工作,以保证车辆的安全,维持车辆继续行驶的能力。控制单元还可以与维修诊断仪器进行通信,利用诊断仪器可以查看存储于控制单元内部的故障诊断码,扫描当前控制单元运行的系统参数即数据流,还可以利用诊断仪器对控制系统的执行器进行强制驱动测试,可以在对控制系统进行维修诊断时提供极大的便利。

12.2　传感器与执行器的原理与检测

1　发动机常用传感器的原理与检测

①　节气门位置传感器　节气门位置传感器的构造原理、检测与拆装如表 12-1 所示。

表 12-1 节气门位置传感器的构造原理、检测与拆装

基本原理	节气门位置传感器安装在节气门体上，与节气门轴相连。传感器内部实际上是一个滑动变阻器，由ECM提供5V参考电源及搭铁。发动机控制模块通过监测此信号线路上的电压来计算节气门的位置。因为与节气门轴相连，所以输出信号随加速踏板的移动而变化。在节气门关闭时，传感器输出电压较低，为0.3～0.9V。随着节气门的开启输出电压增加，在节气门全开时，输出电压约4.5V。传感器信号通过ECM线束连接器EN01的26号端子输入给ECM，ECM根据此信号对喷油量进行修正，只要传感器电路出现故障，就会产生故障码（图12-2） 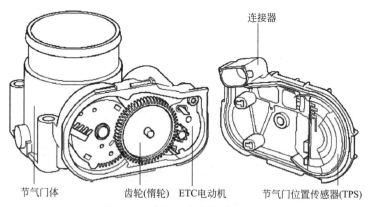 图 12-2 节气门位置传感器位置
示意图（图12-3）	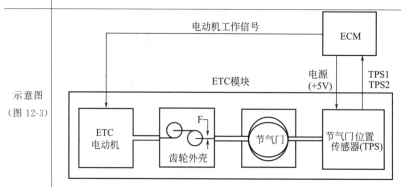 图 12-3 节气门位置传感器工作原理示意图

规格			关闭	全开	项目	传感器电阻/kΩ
	TPS1	节气门角度/(°)	6.3～14.7	93.45～101	TPS1	0.875～1.625[20℃(68°F)]
		输出电压/V ($U_{ref}=5V$)	0.3～0.7	4.45～4.85	ETC电动机	
	TPS2	节气门角度/(°)	90.3～98.7	3.15～11.55	项目	规格
		输出电压/V ($U_{ref}=5V$)	4.3～4.7	0.15～0.55	线圈电阻/Ω	1.2～1.8[20℃(68°F)]

检测	节气门位置传感器(TPS) ①连接解码仪到诊断连接器(DLC) ②启动发动机，测量TPS1和TPS2在怠速和节气门关闭和全开时的输出电压

第12章 发动机控制系统的维修

续表

检测	③将点火开关转至"OFF"位置,从诊断连接器(DLC)上分离诊断仪 ④分离 ETC 模块连接器,测量 ETC 模块1号端子和2号端子之间的电阻,标准值参考"规格"一栏 ETC 电动机 ①将点火开关转至"OFF"位置 ②分离 ETC 模块连接器 ③测量 ETC 模块3号端子和6号端子之间的电阻,标准值见"规格"一栏 ④检查电阻值是否在规定值范围内
拆卸与安装	①将点火开关转至"OFF"位置,分离蓄电池负极导线 ②拆卸共鸣器和进气软管 ③分离 ETC 模块连接器 A,如图 12-4 所示 ④分离冷却水软管 B ⑤拧下安装螺栓 C,从发动机上拆卸 ETC 模块 注意: • 按规定扭矩安装部件 • 部件掉落时可能会发生内部损坏。这种情况下,应检查后再使用 ⑥安装按照与拆卸相反的顺序进行	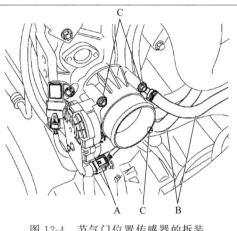 图 12-4 节气门位置传感器的拆装

② 进气歧管绝对压力、温度传感器 进气歧管绝对压力、温度传感器的构造原理、检测与拆装如表 12-2 所示。

表 12-2 进气歧管绝对压力、温度传感器的构造原理、检测与拆装

进气歧管绝对压力传感器		
基本原理	传感器测量因发动机负荷和转速变化而导致的进气歧管压力变化。它将这些变化转换为电压输出。发动机减速滑行时节气门关闭将产生一个相对较低的进气歧管绝对压力输出。进气歧管绝对压力与真空度相反。当进气歧管压力高时,真空度就低。MAP 传感器还用于测量大气压力。此测量是作为 MAP 传感器计算中的一部分来完成的。在点火开关接通且发动机未运行的情况下,发动机控制模块将进气歧管压力读作大气压,并相应调节空燃比。这种对海拔高度的补偿,使系统可在保持低排放的同时保持操纵性能。传感器信号通过 ECM 线束连接器输入给 ECM,MAP 传感器及其电路出现故障时将会记录故障码(图12-5)	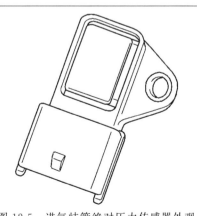 图 12-5 进气歧管绝对压力传感器外观

规格	压力/kPa		输出电压/V
	20.0		0.79
	46.7		1.84
	101.3		4.0
检查	①连接解码仪到诊断连接器(DLC) ②测量怠速和点火开关"ON"时 MAPS 输出电压	测试条件	输出电压/V
		点火开关"ON"	3.9~4.1
		怠速	0.8~1.6
拆卸	①将点火开关转至"OFF"位置分离蓄电池负极导线 ②分离歧管绝对压力传感器连接器 A ③拧下安装螺母 B，从缓冲器上拆卸传感器(图12-6)		

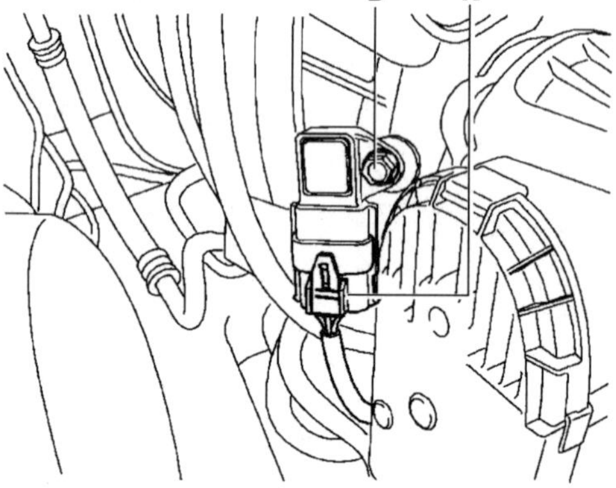

图 12-6　进气歧管绝对压力传感器的拆卸

安装	按与拆卸相反的顺序安装，安装过程中需要注意以下几点 ①按规定扭矩安装部件 ②部件掉落时可能会发生内损坏。这种情况下，检查后再使用 ③将传感器插入安装孔时，不要损坏传感器

进气温度传感器

说明	进气温度传感器(IATS)安装在歧管绝对压力传感器(MAPS)内，用以检测进气温度(图12-7) 为了计算精确空气量，需要补偿空气温度，因为空气密度随温度而变化 进气温度传感器是一个负温度系数的热敏电阻，发动机控制模块向 IAT 传感器提供5V电压，并测量电压变化以确定进气温度。发动机控制模块通过测量电压来获得进气温度，ECM 利用此信号对喷油脉宽及点火正时进行修正。传感器信号通过 ECM 线束连接器 EN01 的 25 号端子输入给 ECM，IAT 传感器电路出现故障时将会记录故障码

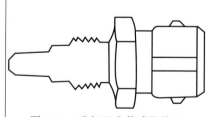

图 12-7　进气温度传感器外观

续表

规格	温度/℃(℉)	电阻/kΩ	温度/℃(℉)	电阻/kΩ
	−40(−40)	40.93~48.35	40(104)	1.08~1.21
	−20(−4)	13.89~16.03	50(122)	0.76~0.85
	0(32)	5.38~6.09	60(140)	0.54~0.62
	10(50)	3.48~3.90	80(176)	0.29~0.34
	20(68)	2.31~2.57		
检查	①将点火开关转至"OFF"位置 ②分离 IATS 连接器 ③测量 IATS 的 3 号端子和 4 号端子之间的电阻 ④检查电阻值是否在规定值范围内,规定值参考"规格"一栏			
拆卸与安装	详见进气歧管绝对压力传感器的拆卸与安装部分			

③ 冷却液温度传感器 冷却液温度传感器的构造原理、检测与拆装如表 12-3 所示。

表 12-3 冷却液温度传感器的构造原理、检测与拆装

基本原理	发动机冷却液温度(ECT)传感器是一只负温度系数的热敏电阻,即阻值随温度而改变的电阻器(图 12-8)。它安装在发动机冷却液液流中。冷却液温度较低时电阻值较高,在 −30℃(−22℉)时电阻值为 26000Ω;而温度较高时会导致电阻值较低,在 130℃时,电阻为 90Ω。发动机控制模块为传感器提供一个 5V 的参考电压,冷车时电压升高,热车时电压降低。通过测量电压变化,发动机控制模块可以确定冷却液的温度。该传感器对于发动机控制系统而言,对点火正时及燃油喷射量的修正值至关重要。同时该信号还通过 CAN 网络传输给仪表(IP),用于显示当前发动机的工作温度。传感器信号通过线束连接器输入给 ECM,当传感器及电路出现故障后会记录故障码

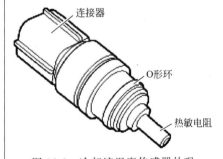

图 12-8 冷却液温度传感器外观

规格	温度		电阻/kΩ
	℃	℉	
	-40	-40	48.14
	-20	-4	14.13~16.83
	0	32	5.79
	20	68	2.31~2.59
	40	104	1.15
	60	140	0.59
	80	176	0.32
检查	①将点火开关转至"OFF"位置 ②分离 ECT 连接器,拆卸 ECT ③将传感器的热敏电阻浸入发动机冷却液,测量 ECTS 号端子和 4 号端子之间的电阻 ④检查电阻值是否在规定范围内,规定值参考"规格"一栏		
拆卸	①将点火开关转至"OFF"位置,分离蓄电池负极导线 ②分离发动机冷却水温度传感器连接器 A,如图 12-9 所示 ③拆卸固定卡环 A,从水温控制总成上拆卸传感器,如图 12-10 所示 ④添加发动机冷却液(参考 EM 部分的"冷却系统") 注意: 拆卸传感器时,发动机冷却液可能从水温控制总成中流出	图 12-9 断开冷却液温度传感器线束 图 12-10 拆卸冷却液温度传感器固定卡环	
安装	安装按照与拆卸相反的顺序进行		

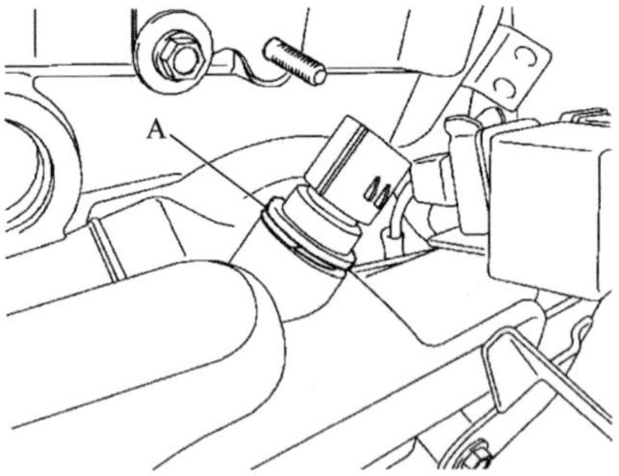

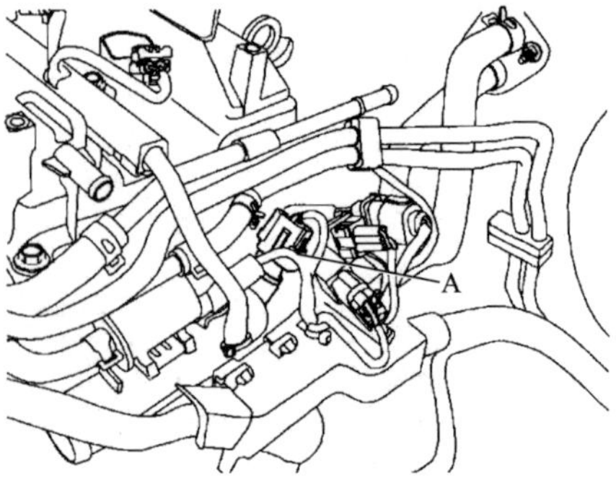

第12章 发动机控制系统的维修

④曲轴位置传感器 曲轴位置传感器的构造原理、检测与拆装如表12-4所示。

表12-4 曲轴位置传感器的构造原理、检测与拆装

基本原理	曲轴位置传感器(CKPS)检测曲轴位置,是发动机控制系统中最重要的传感器之一(图12-11)。如果没有CKPS信号输入,发动机会由于CKPS信号缺失而停止工作 磁感应式曲轴位置传感器一般安装在变速箱前端壳体上,用螺栓固定,位于冷却液温度传感器的下部。传感器信号盘与曲轴飞轮是一个整体,传感器通过其支座伸出与信号盘齿的间隙约在1.2mm以下。信号盘上面有58个机加工槽,其中的57个槽按6°等间隔分布。最后一个槽较宽,用于生成同步脉冲。当曲轴转动时,传感器信号盘上面的槽将改变传感器的磁场,产生一个感应电压脉冲。第58槽的脉冲较长,可识别曲轴的某个特定方向,使发动机控制模块(ECM)可随时确定曲轴的方向。发动机控制模块使用此信息生成点火正时和燃油喷射脉冲,然后控制点火线圈和燃油喷射器。如果发动机控制模块监测到传感器信号不良或不正确时,将记录故障码	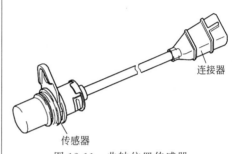 图12-11 曲轴位置传感器
检查	使用GDS检查CKPS的信号波形
拆卸	①将点火开关转至"OFF"位置,分离蓄电池负极导线 ②分离曲轴位置传感器插接器A,如图12-12所示	图12-12 分离曲轴位置传感器插接器

续表

拆卸	③拆卸保护罩 A,如图 12-13 所示 ④拧下紧固螺栓 A,拆卸曲轴位置传感器,如图 12-14 所示	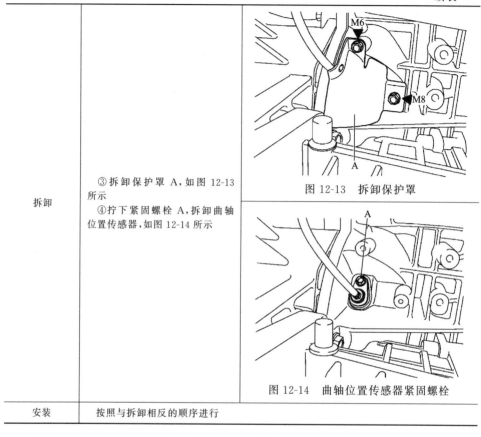 图 12-13 拆卸保护罩 图 12-14 曲轴位置传感器紧固螺栓
安装	按照与拆卸相反的顺序进行	

⑤ 凸轮轴位置传感器　凸轮轴位置传感器的构造原理与拆装如表 12-5 所示。

表 12-5　凸轮轴位置传感器的构造原理与拆装

基本原理	凸轮轴位置传感器(CMPS)为霍尔传感器,使用霍尔元件检测凸轮轴位置(图 12-15) 它与曲轴位置传感器(CKPS)结合,检测各气缸的活塞位置,这是 CKPS 所不能检测的 CMPS 安装在气缸盖罩上,发动机控制模块接收该信号用作同步脉冲,按适当顺序触发燃油喷射器。发动机控制模块利用凸轮轴位置传感器信号指示做功行程期间 1 号缸活塞的位置。发动机控制模块由此可计算实际的燃油喷射顺序。如果在发动机运行时凸轮轴位置传感器信号丢失,燃油喷射系统将转换到根据最后一个燃油喷射脉冲计算的顺序燃油喷射模式,而发动机将继续运行。即使故障存在,发动机也可以重新启动。如果在发动机运转时控制模块检测到不正确的凸轮轴位置传感器信号时,将记录故障码	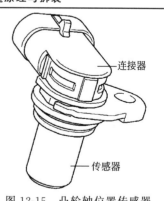 图 12-15 凸轮轴位置传感器

第12章 发动机控制系统的维修

续表

拆卸与安装	拆卸： ①将点火开关转至"OFF"位置，分离蓄电池负极导线 ②分离凸轮轴位置传感器连接器A，如图12-16所示 ③拧下安装螺栓B，拆卸传感器，如图12-16所示 安装：按与拆卸相反的顺序进行	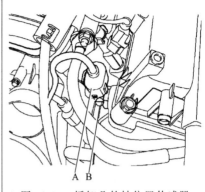 图12-16 拆卸凸轮轴位置传感器

⑥爆燃传感器 爆燃传感器的构造原理与拆装如表12-6所示。

表12-6 爆燃传感器的构造原理与拆装

基本原理	爆燃现象的特点是不良震动和噪声，能损坏发动机 爆燃传感器(KS)是一种振动加速度传感器(图12-17)，产生一个与发动机机械振动相对应的输出电压。该传感器安装在进气歧管下部。如果发动机产生爆燃，ECM会接受到这个信号，滤去非爆燃信号并进行计算，通过凸轮轴与曲轴位置传感器信号判断发动机在工作循环中所处的位置，ECM据此计算出是哪个缸发生爆燃，将会推迟此缸的点火提前角直到爆燃现象消失，然后再次提前点火提前角直到使点火角处于当时工况下的最佳位置。KS传感器出现故障时ECM将会记录故障码	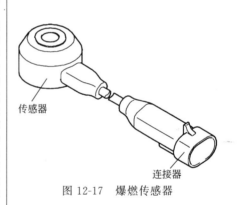 图12-17 爆燃传感器
拆卸与安装	拆卸： ①将点火开关转至"OFF"位置，分离蓄电池负极导线 ②分离爆燃传感器插接器A，如图12-18所示	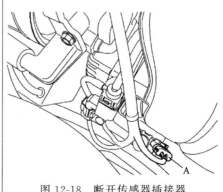 图12-18 断开传感器插接器

续表

拆卸与安装	③举升车辆拆卸车底护板 ④拆卸进气歧管支撑架 ⑤拧下紧固螺栓 A,如图 12-19 所示,从气缸体上拆卸传感器 安装:按与拆卸相反的顺序进行	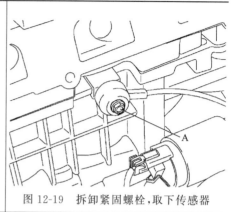 图 12-19 拆卸紧固螺栓,取下传感器

⑦ 氧传感器　氧传感器的构造原理、检测与拆装如表 12-7 所示。

表 12-7　氧传感器的构造原理、检测与拆装

基本原理	加热式氧传感器(HO2S)包括锆和氧化铝,安装在靠近催化转化器的上部和下部(图 12-20) 前氧传感器安装在排气歧管上,三元催化转换器前端。通过检测废气中氧的含量,向 ECM 提供间接的混合气浓度数据,使 ECM 修正喷油脉宽,使混合气浓度保持在理论值 14.7 左右 氧传感器的传感元件是一种带孔隙的陶瓷管,管壁外侧被发动机排气包围,内侧通大气。传感陶瓷管壁是一种固态电解质,内有电加热管。当传感陶瓷管的温度达到 350℃时,即具有固态电解质的特性。氧传感器的工作是通过将传感陶瓷管内外的氧离子浓度差转化成电压信号输出来实现的。若混合气体偏浓,则陶瓷管内外氧离子浓度差较高,电势差偏高,大量的氧离子从内侧移到外侧,输出电压较高(接近 800mV)。若混合气偏稀,则陶瓷管内外氧离子浓度差较低,电势差较低,仅有少量的氧离子从内侧移动到外侧,输出电压较低(接近 200mV)。信号电压在理论当量空燃比(λ=1)附近发生突变。传感器信号通过 ECM 线束连接器端子输入给 ECM,当传感器、线号及线路出现故障后会记录故障码	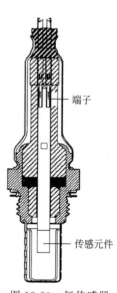 图 12-20　氧传感器

续表

	HO2S[1排/传感器1](二元型)		HO2S[1排/传感器2](二元型)	
规格	空燃比/λ	输出电压/V	空燃比/λ	输出电压/V
	浓	约0.9	浓	约0.9
	稀	约0.04	稀	约0.04
	项目	规格	项目	规格
	加热器电阻/Ω	3.3~4.1[21℃(69.8 ℉)]	加热器电阻/Ω	3.3~4.1[21℃(69.8 ℉)]
检查	①将点火开关转至"OFF"位置,分离HO2S连接器 ②测量HO2S的3号端子和4号端子之间的电阻[B1/S1] ③测量HO2S的3号端子和4号端子之间的电阻[B1/S2] ④检查电阻值是否在规定范围内,规定值参考"规格"一栏			
拆卸与安装	拆卸前氧传感器: ①将点火开关转至"OFF"位置,分离蓄电池负极导线 ②分离连接器A,如图12-21所示,拆卸传感器B,如图12-22所示 拆卸后氧传感器:断开如图12-23所示的传感器插接器A,拆卸后氧传感器B 安装:按与拆卸相反的顺序进行	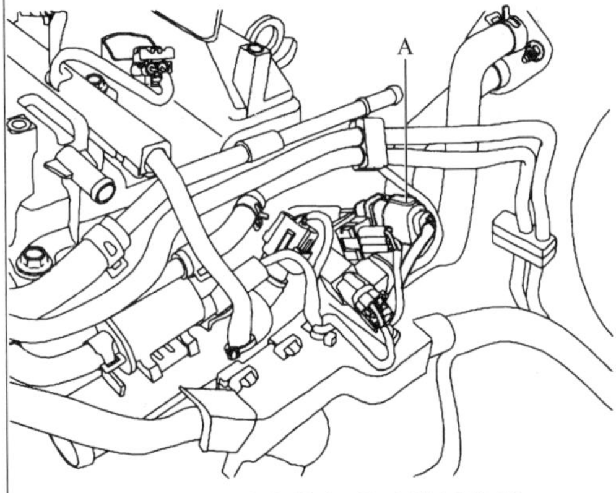	图12-21 分离前氧传感器插接器 图12-22 拆卸前氧传感器	

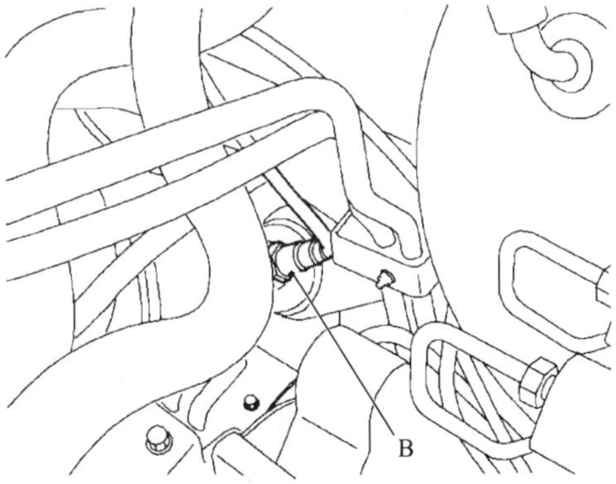

拆卸与安装	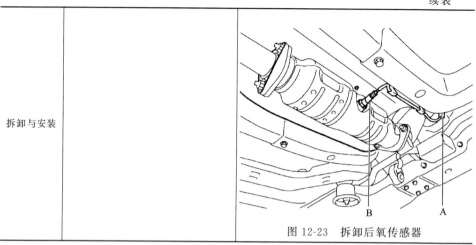 图 12-23 拆卸后氧传感器

⑧ 加速踏板位置传感器 加速踏板位置传感器的构造原理与检测如表 12-8 所示。

表 12-8 加速踏板位置传感器的构造原理与检测

基本原理	加速踏板位置传感器（APS）安装在加速踏板模块上，检测加速踏板的转角（图12-24）。APS是发动机控制系统中最重要的传感器之一，它包含两个独立的传感器，这两个传感器有独立的传感器电源和搭铁电路。传感器2检测传感器1，传感器2输出电压是传感器1的一半。如果传感器1和2的输出电压的比值超出范围（约1/2），则诊断系统判断为故障 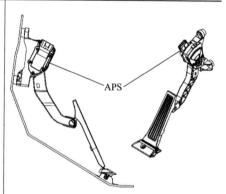 图 12-24 加速踏板位置传感器
规格	<table><tr><td rowspan="2">加速踏板位置</td><td colspan="2">输出电压/V($U_{ref}=5V$)</td></tr><tr><td>APS1</td><td>APS2</td></tr><tr><td>关闭</td><td>0.7~0.8</td><td>0.29~0.46</td></tr><tr><td>全开</td><td>3.85~4.35</td><td>1.93~2.18</td></tr></table>
检查	①连接诊断仪到诊断连接器（DLC） ②将点火开关置于"ON"位置 ③测量节气门全关和全开时APS1和APS2的输出电压，标准值参考"规格"一栏

第12章 发动机控制系统的维修

(2) 发动机常见执行器的原理、检测与拆装

① 喷油器 喷油器的构造原理、检测与拆装如表12-9所示。

表12-9 喷油器的构造原理、检测及拆装

基本原理	燃油喷射器安装在气缸盖上、进气门前面,它根据ECM的指令,在规定的时间内喷射燃油,给发动机提供雾化后的燃油(图12-25)。另外还有一个作用是储存高压燃油,消除由于油泵泵油引起的共振,使油压保持稳定。喷油嘴为电磁控制型喷油嘴,壳体内的回位弹簧将阀针紧固在阀座上并封住出口。喷油时,电子控制器给出控制信号,电磁线圈通电,产生磁场克服回位弹簧的压力、针阀重力、摩擦力等将针阀升起,燃油在油压的作用下喷出。由于针阀只有升起和落下两个状态,针阀升程不可调节,只要喷油嘴进出口的压力差恒定不变,喷油量就仅取决于针阀开启时间即开启电脉冲的宽度 当燃油喷射器堵塞或关闭不严时,发动机故障灯有可能点亮,但是检测故障码为氧传感器失真、信号不合理、空燃比不正常等故障,此时就应该慎重判断故障元件。因为,燃油喷射器堵塞或滴漏时,喷油量不受发动机ECM喷油脉宽控制,所以氧传感器反馈给发动机ECM的混合气浓度信号就与理论的ECM控制目标有很大差异,发动机电控系统监测到此信号后就会判定氧传感器工作不正常,但是系统无法判断是氧传感器本身故障还是其他部件损坏后的连带故障,因此在维修此类故障时一定要注意判断清楚故障元件 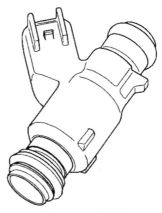 图12-25 喷油器
规格	项目 | 规格 线圈电阻/Ω | 13.8~15.2[20℃(68 ℉)]
检查	①将点火开关转至"OFF"位置,分离喷油嘴连接器 ②测量喷油嘴的1号端子和2号端子之间的电阻 ③检查电阻值是否在规定范围内,标准值参考"规格"一栏

拆卸与安装	拆卸： ①将点火开关转至"OFF"位置，分离蓄电池负极导线 ②释放燃油管路内的剩余压力 ③分离喷油嘴连接器A，如图12-26所示 ④拧下线束支架安装螺栓B，如图12-26所示 ⑤拧下安装螺母，分离燃油供油管C，如图12-26所示 ⑥拧下安装螺栓D，如图12-26所示。从发动机上拆卸燃油分配管与喷油嘴总成 ⑦拆卸固定夹A，如图12-27所示，从燃油分配管上分离喷油嘴 注意： 拆卸燃油泵继电器后，可能出现故障码。完成"释放燃油管路内的剩余压力"操作后，使用解码仪清除故障码 安装：按与拆卸相反的顺序进行	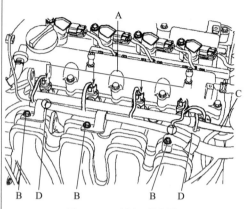 图12-26 拆卸喷油器 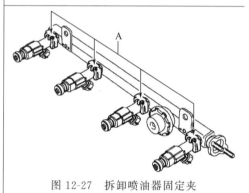 图12-27 拆卸喷油器固定夹

② 净化控制电磁阀 净化控制电磁阀的构造原理、检测与拆装如表12-10所示。

表12-10 净化控制电磁阀的构造原理、检测与拆装

基本原理	净化控制电磁阀（PCSV）安装在缓冲器上，控制活性炭罐和进气歧管之间的通道。它是一个电磁阀（图12-28），当ECM搭铁电磁阀控制电路时开启。当通道开启时（PCSV ON），活性炭罐中储存的燃油蒸气会被输送到进气歧管	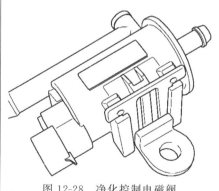 图12-28 净化控制电磁阀

续表

规格	项目	规格
	线圈电阻/Ω	19.0~22.0[20℃(68 ℉)]
检查	①将点火开关转至"OFF"位置,分离PCSV连接器 ②测量PCSV的1号端子和2号端子之间的电阻 ③检查电阻值是否在规定范围内,规定值参考"规格"一栏	
拆卸与安装	拆卸: ①将点火开关转至"OFF"位置,分离蓄电池负极导线 ②分离净化控制电磁阀连接器A,如图12-29所示 ③分离净化控制电磁阀蒸气软管B,如图12-29所示 ④用一字螺钉旋具按下PCSV支撑架的中心孔后,按箭头方向拆卸电磁阀,如图12-30所示 安装按与拆卸相反的顺序进行	图12-29 拆卸净化电磁阀插接器 图12-30 拆卸电磁阀

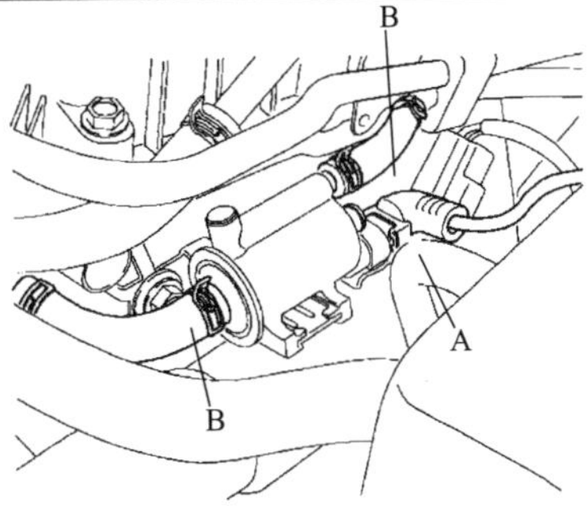

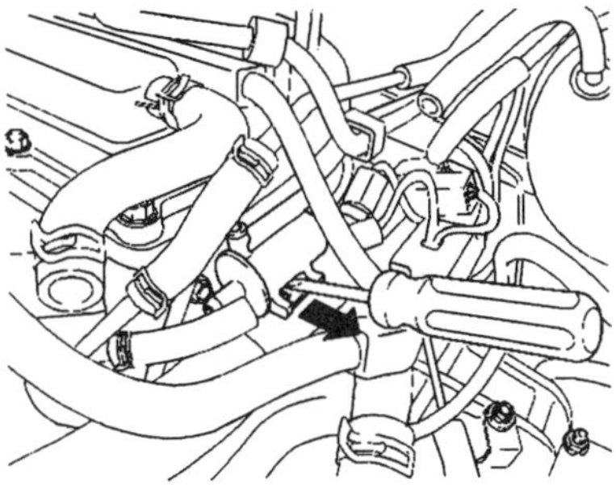

③ CVVT机油控制阀 CVVT机油控制阀的构造原理、检测与拆装如表12-11所示。

表12-11 CVVT机油控制阀的构造原理、检测与拆装

| 基本原理 | 连续可变气门正时(CVVT)系统根据发动机转速和负荷计算的ECM控制信号提前或延迟进气门和排气门的气门正时(图12-31)
通过控制CVVT产生气门重叠或不重叠,从而实现较好的燃油经济性、减少排放(NO_x,HC)、通过降低泵送损失提高发动机性能、获得内部EGR效果、提高燃烧稳定性、增强容积效率、增大膨胀功
CVVT电磁阀位于进气歧管边,靠近发动机前端。CVVT磁阀为4位4通电磁阀,工作电源由受ECM控制的主继电器提供,ECM以脉宽调制信号控制CVVT电磁阀搭铁。ECM对CVVT电磁阀的控制是通过ECM线束连接器实现的 | 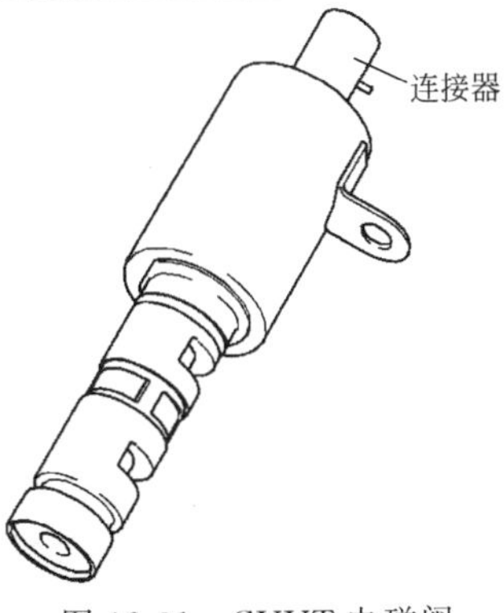 图12-31 CVVT电磁阀 |

续表

规格	项目	规格
	线圈电阻/Ω	19.0~22.0[20℃(68 ℉)]

检查	①将点火开关转至"OFF"位置，分离连接器 ②测量1号端子和和2号端子之间的电阻 ③检查电阻值是否在规定范围内，规定值参考"规格"一栏	图12-32 进气侧凸轮轴CVVT
拆卸与安装	拆卸进气凸轮轴CVVT机油控制阀： ①将点火开关转至"OFF"位置，分离蓄电池负极导线 ②分离CVVT机油控制阀连接器A，如图12-32所示 ③拧下安装螺栓B，从发动机上拆卸CVVT阀，如图12-32所示 拆卸排气凸轮轴CVVT机油控制阀，如图12-33所示 安装：按与拆卸相反的顺序进行	图12-33 排气侧凸轮轴CVVT A—连接器；B—安装螺栓

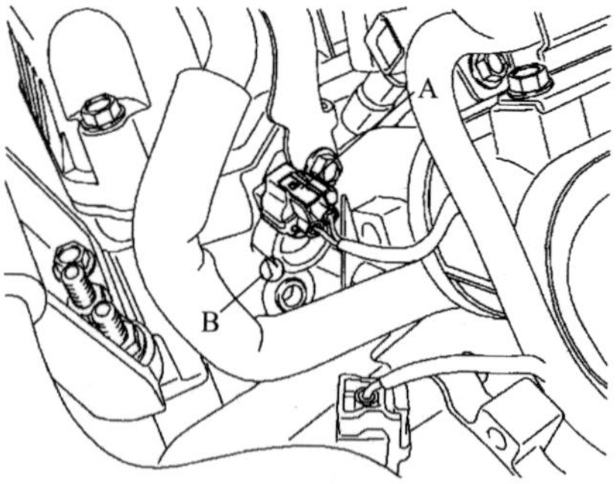

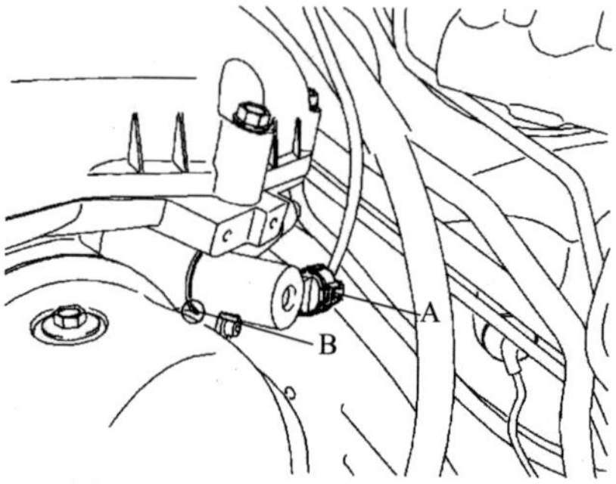

④ 可变进气电磁阀 可变进气电磁阀的构造原理、检测与拆装如表12-12所示。

表12-12 可变进气电磁阀的构造原理、检测与拆装

基本原理	可变进气电磁阀(VIS)安装在进气歧管上(图12-34)。VIS阀控制真空驱动进气歧管内阀。ECM根据发动机状态打开或关闭此电磁阀(参考下表)	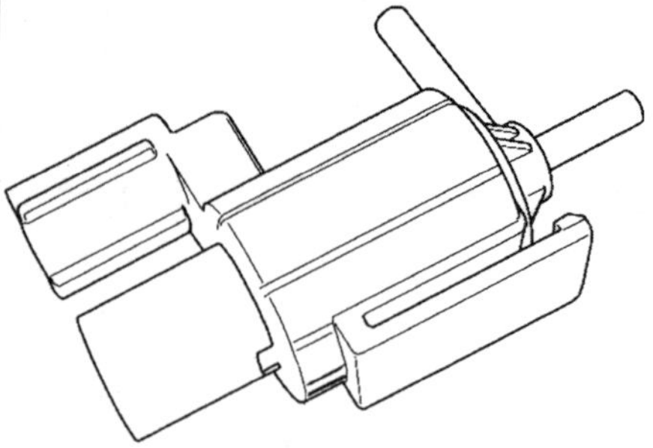 图12-34 可变进气电磁阀

续表

示意图	发动机状态	VIS 阀	操作
	中速	关闭	在低发动机转速状态下通过降低气缸之间的进气干扰提高发动机性能(图 12-35)
	低速/高速	打开	通过缩短进气歧管长度和增大空气入口面积最小化进气阻力(图 12-36)

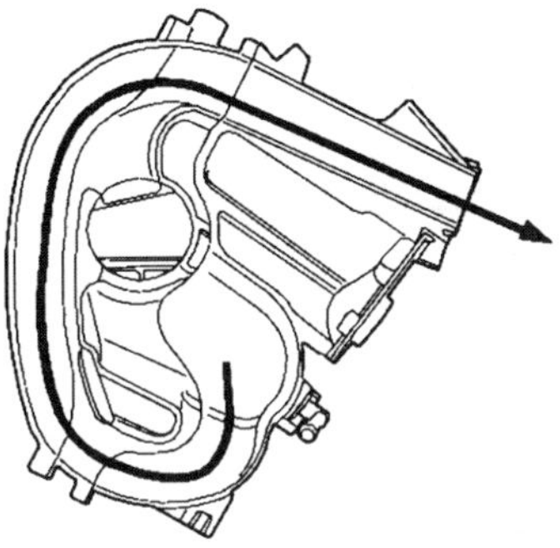

图 12-35 中速控制图 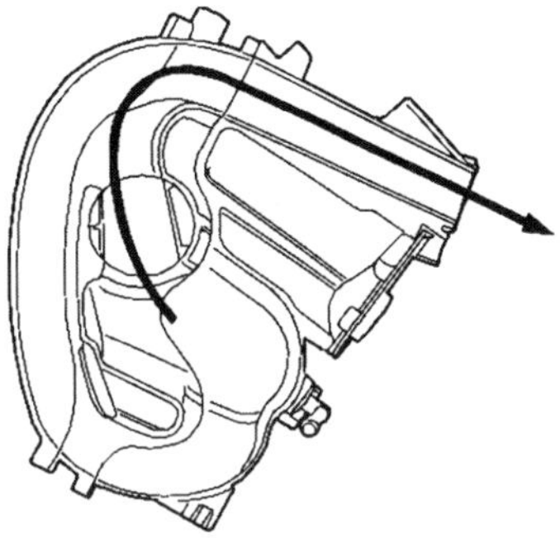　　图 12-36 低速/高速控制图

规格	项目	规格
	线圈电阻/Ω	30.0~35.0[20℃(68 ℉)]

检查	①将点火开关转至"OFF"位置,分离 VIS 阀连接器 ②测量 VIS 阀的 1 号端子和 2 号端子之间的电阻,标准值参考"规格"一栏

拆卸与安装	拆卸: ①将点火开关转至"OFF"位置,分离蓄电池负极导线 ②分离可变进气电磁阀连接器 A,如图 12-37 所示 ③从阀上分离真空软管 B,如图 12-37 所示 ④拧下安装螺母 C,如图 12-37 所示,从缓冲器上拆卸阀 安装:按与拆卸相反的顺序进行	图 12-37 拆卸可变进气电磁阀

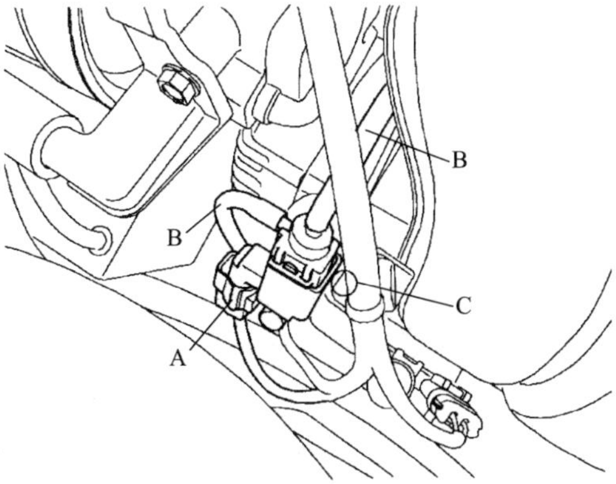

12.3 发动机控制系统常见故障的排除

(1) 冷车发动机启动困难

冷车发动机启动困难故障的一般故障部位有燃油泵、发动机水温传感器、喷油器、点火线圈、节气门体、发动机机械部分等。冷车启动困难故障的一般排除流程如图12-38所示。

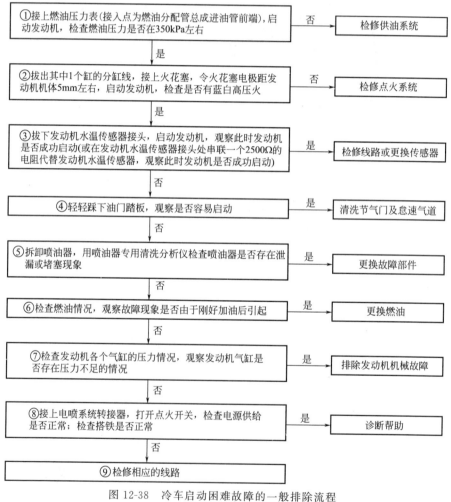

图12-38 冷车启动困难故障的一般排除流程

(2) 发动机转速正常但任何时候均启动困难

发动机转速正常但任何时候均启动困难故障的一般故障部位有燃油泵、发动

第 12 章 发动机控制系统的维修

机水温传感器、喷油器、点火线圈、电子节气门体、进气道、火花塞、发动机机械部分等。发动机转速正常但任何时候均启动困难故障的一般排除流程如图 12-39 所示。

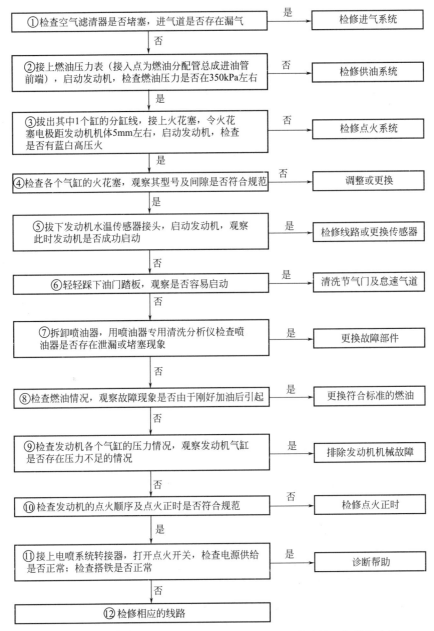

图 12-39 发动机转速正常但任何时候均启动困难故障的一般排除流程

(3) 启动正常但任何时候都怠速不稳

启动正常但任何时候都怠速不稳的一般故障部位有喷油器、火花塞、节气门体及怠速旁通气道、进气道、电子节气门体、发动机机械部分等。启动正常但任何时候都怠速不稳故障的一般排除流程如图 12-40 所示。

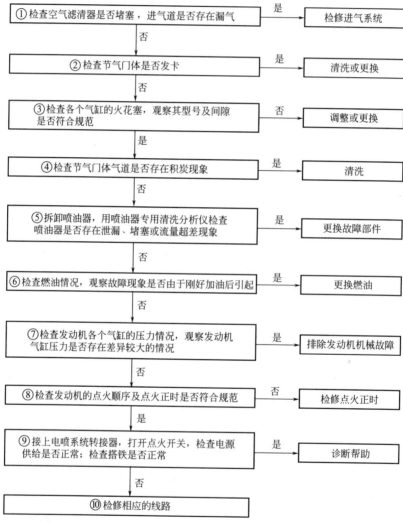

图 12-40 启动正常但任何时候都怠速不稳故障的一般排除流程

(4) 启动正常但暖机过程中怠速不稳

启动正常但暖机过程中怠速不稳的一般故障部位有发动机水温传感器、火花塞、节气门体积炭、进气道、发动机机械部分等。该故障的一般排除流程如

图 12-41 所示。

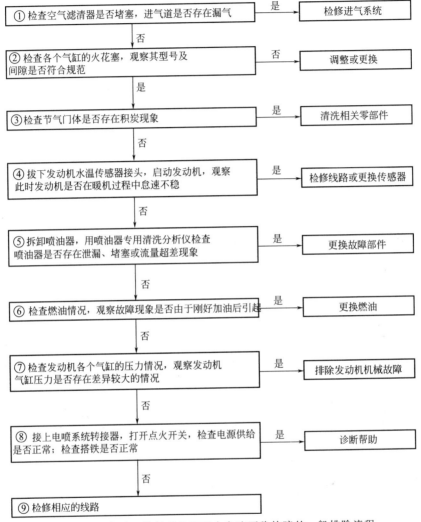

图 12-41 启动正常但暖机过程中怠速不稳故障的一般排除流程

[5] 启动正常但暖机后怠速不稳

该故障的一般故障部位有：发动机水温传感器、火花塞、电子节气门体、进气道、发动机机械部分等。该故障的一般排除流程如图 12-42 所示。

[6] 启动正常但部分负荷（如开空调）时怠速过高

启动正常但部分负荷时怠速过高的一般故障部位有：空调系统、喷油器等。该故障的一般排除流程如图 12-43 所示。

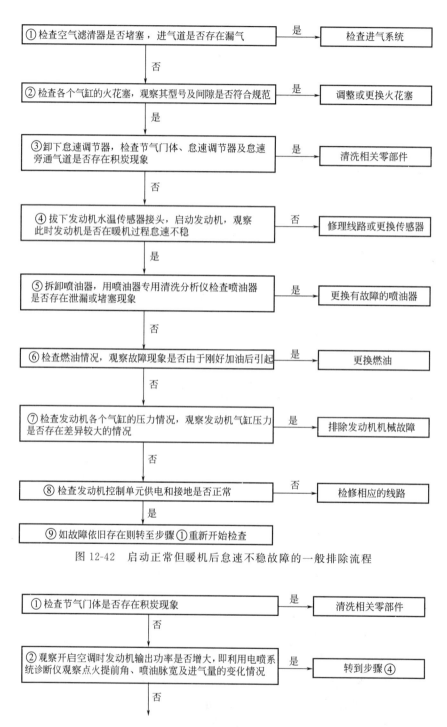

图 12-42 启动正常但暖机后怠速不稳故障的一般排除流程

第 12 章　发动机控制系统的维修

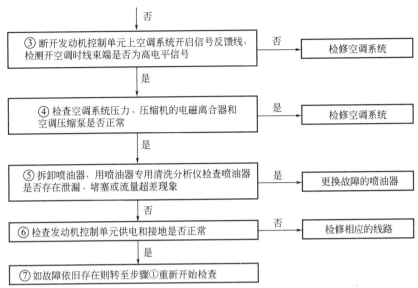

图 12-43　启动正常但部分负荷（如开空调）时怠速过高故障的一般排除流程

(7) 启动正常但怠速过高

启动正常但怠速过高故障的一般故障部位有：节气门体及怠速旁通气道、真空管、冷却液温度传感器等。该故障的一般排除流程如图 12-44 所示。

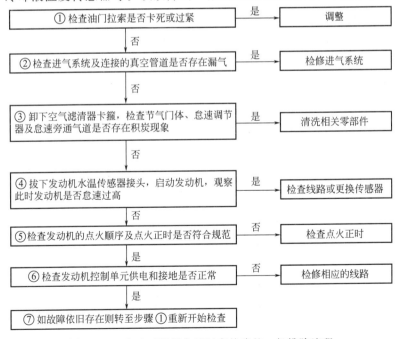

图 12-44　启动正常但怠速过高故障的一般排除流程

(8) 加速时转速上不去

加速时转速上不去的一般故障部位有：进气压力传感器及节气门位置传感器、火花塞、节气门体及怠速旁通气道、进气道、喷油器、排气管等。该故障的一般排除流程如图 12-45 所示。

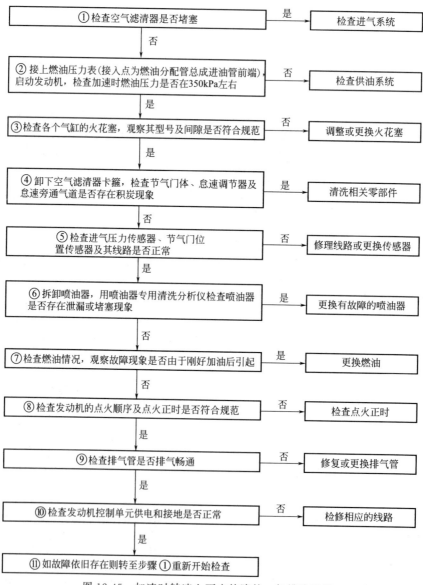

图 12-45　加速时转速上不去故障的一般排除流程

第 12 章 发动机控制系统的维修

(9) 加速时反应慢

加速时反应慢的一般故障部位有：进气压力传感器及节气门位置传感器、火花塞、节气门体及怠速旁通气道、进气道、喷油器、排气管等。该故障的一般排除流程如图 12-46 所示。

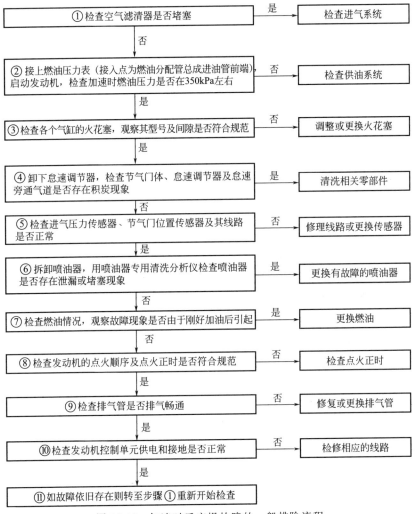

图 12-46 加速时反应慢故障的一般排除流程

(10) 加速无力且加速性能差

加速无力且加速性能差的一般故障部位有：进气压力传感器、火花塞、点火线圈、节气门体、进气道、喷油器、排气管等。该故障的一般排除流程如图 12-47 所示。

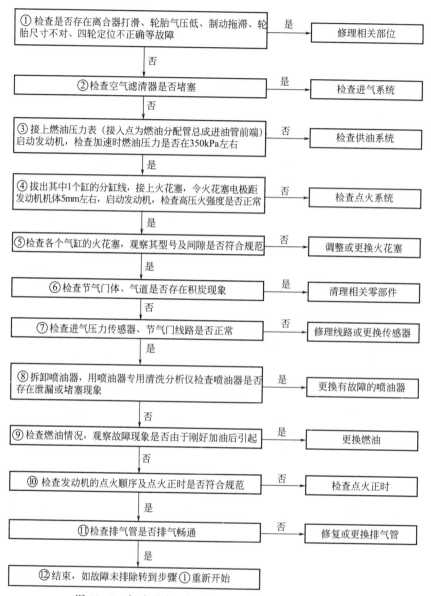

图 12-47 加速无力且加速性能差故障的一般排除流程

第13章

发动机排气系统

13.1 排气系统的组成与工作原理

排气歧管的作用是以最小背压排出燃烧室排出的气体。前氧传感器（HO2S）安装在排气歧管上。

三元催化净化器总成和消声器的外观很相似。在三元催化剂的不锈钢外壳里是一个顺着排气方向呈蜂窝状排列的陶瓷载体。陶瓷载体被衬垫包围，衬垫的主要功能是固定陶瓷载体，以防止和内壳有任何接触和碰撞。转换器的每一端都有网状密封件，以防止废气污染和衬垫被腐蚀。

三元催化净化器总成内的陶瓷载体暴露在废气中的表面涂有一层催化剂。催化剂包含铂、钯和铑3种贵金属，这些催化剂起到促进化学反应的作用。催化剂是加速化学反应而本身不变化的一种物质。发动机的废气中包含一氧化碳（CO）、碳氢化合物（HC）和氮氧化物（NO$_x$）。当废气流经陶瓷载体时，化学反应在三元催化净化器总成内发生。一氧化碳和碳氢化合物被废气中的氧气（O$_2$）氧化，转换成二氧化碳（CO$_2$）和水蒸气（H$_2$O）。氮氧化物通过和一氧化碳的还原反应，被转化成氮气（N$_2$）。这种三元催化净化器总成被称作三效型催化净化器，因为它可以同时将废气中的3种成分（CO、HC和NO$_x$）转化成无害的中性气体。

13.2 排气系统的部件位置

排气系统器件布置图如图13-1和图13-2所示。

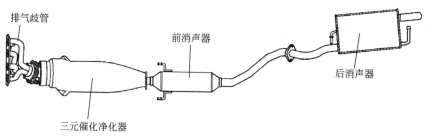

图 13-1 排气系统器件布置图

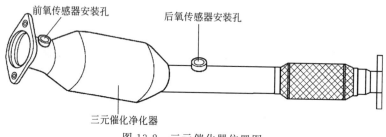

图 13-2 三元催化器位置图

13.3 排气系统部件的拆卸与更换

(1) 排气歧管的拆卸和更换

参见 5.1 节中的"(3) 拆装排气歧管"。

(2) 三元催化转换器的拆卸与更换

三元催化器的拆装与更换如表 13-1 所示。

表 13-1 三元催化器的拆装与更换

步骤	详情	图示
拆卸		
1	断开蓄电池负极电缆	
2	断开前氧传感器线束连接器。把红色的插销拔出就可断开线束连接器,如图 13-3 所示	图 13-3 断开前氧传感器线束连接器

第 13 章 发动机排气系统

续表

步骤	详 情	图 示
3	断开后氧传感器线束连接器。把红色的插销拔出就可断开线束连接器,如图 13-4 所示	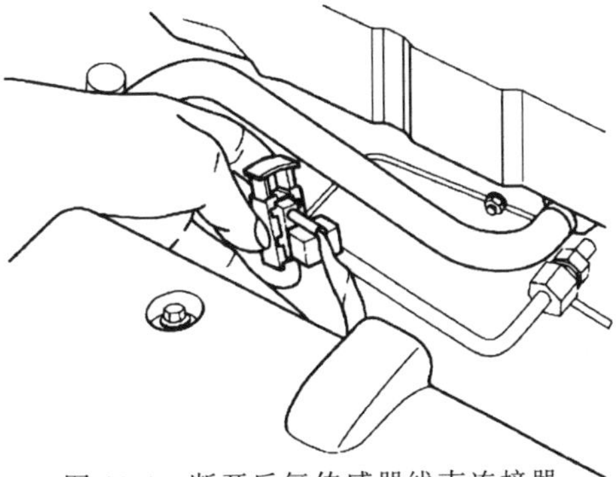 图 13-4 断开后氧传感器线束连接器
4	举升车辆,拆卸三元催化净化器总成左连接螺栓,如图 13-5 所示 注意:螺栓在热态时拆卸有可能会损坏螺栓或排气歧管球凹法兰焊接螺母,应等待发动机冷却后再拆卸	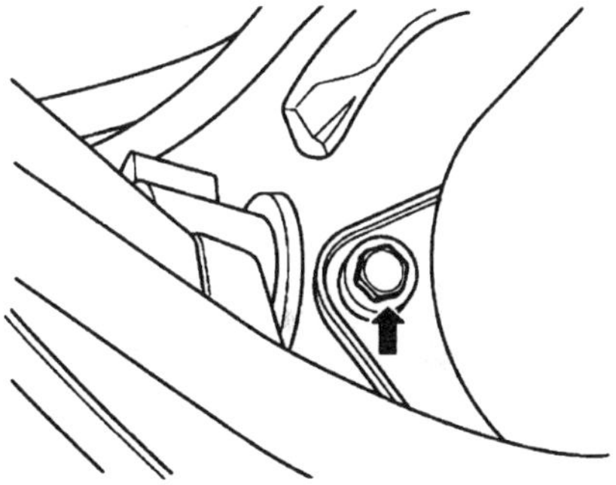 图 13-5 拆卸三元催化器总成左连接螺栓
5	拆卸三元净化器总成右连接螺栓 注意:螺栓在热态时拆卸有可能会损坏螺栓或排气歧管球凹法兰焊接螺母,应等发动机冷却后再拆卸	
6	拆卸三元催化净化器总成排气管连接螺母,如图 13-6 所示,取下排气管密封垫,拆下三元催化净化器总成,取出排气管出口垫圈 注意:在拆卸时防止三元催化净化器总成掉落	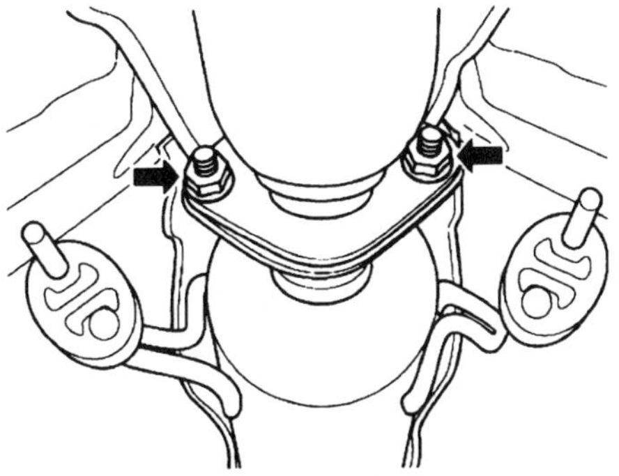 图 13-6 拆卸三元催化器与排气管连接螺母

续表

步骤	详情	图示
安装		
1	使用橡胶锤和木块，轻敲排气管出口垫圈至排气歧管，直到表面齐平为止，再安装三元催化净化器总成，紧固左连接螺栓，如图13-7所示，力矩为40N·m 注意：安装前应清洁排气管出口垫圈及接口	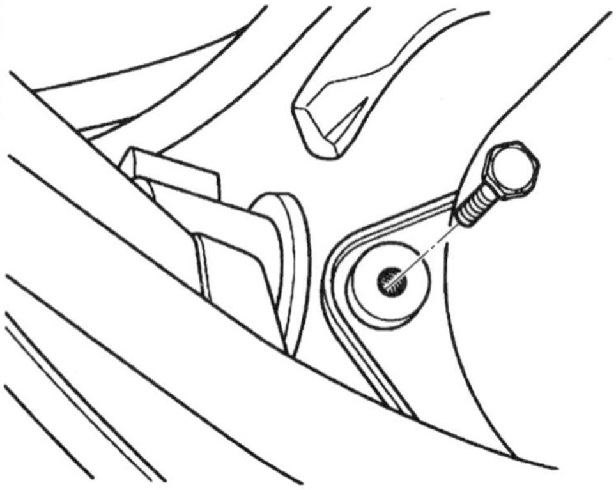 图13-7 紧固左连接螺栓
2	安装三元催化净化器总成右连接螺栓，力矩为52N·m	
3	安装排气管密封垫 注意：安装前应清洁排气管密封垫及接口	
4	安装三元催化净化器总成排气管连接螺母，力矩为47~57N·m	
5	从举升机上降下车辆	
6	连接后氧传感器线束连接器，参见图13-4	
7	连接前氧传感器线束连接器，参见图13-3	
8	连接蓄电池负极电缆	

(3) 前消声器的拆卸与更换

前消声器的拆卸与更换如表13-2所示。

第13章 发动机排气系统

表13-2 前消声器的拆卸与更换

步骤	详情	图示
拆卸		
1	举升车辆	
2	拆卸三元催化净化器总成与前消声器总成之间的固定螺母及排气管密封垫,参见图13-6	
3	拆卸前消声器总成与后消声器总成的连接螺母及排气管密封垫,如图13-8中箭头所示	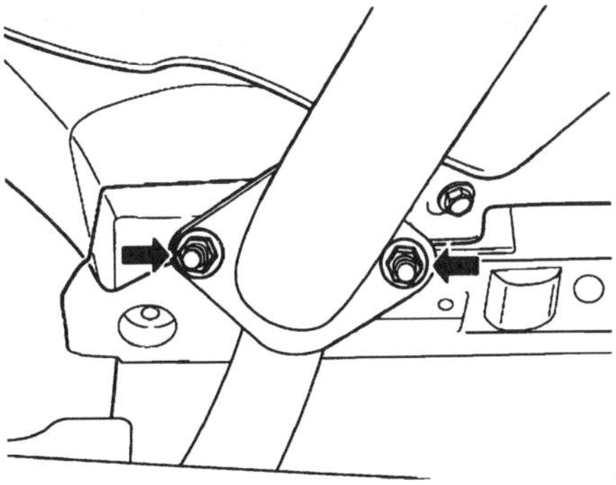 图13-8 前后消声器总成连接螺母
4	①拆卸前消声器总成上的橡胶支座,如图13-9中箭头所示。 注意:在拆卸时防止前消声器总成掉落 ②拆下前消声器总成 ③检查前消声器总成与三元催化净化器总成是否有孔洞、损坏及裂缝	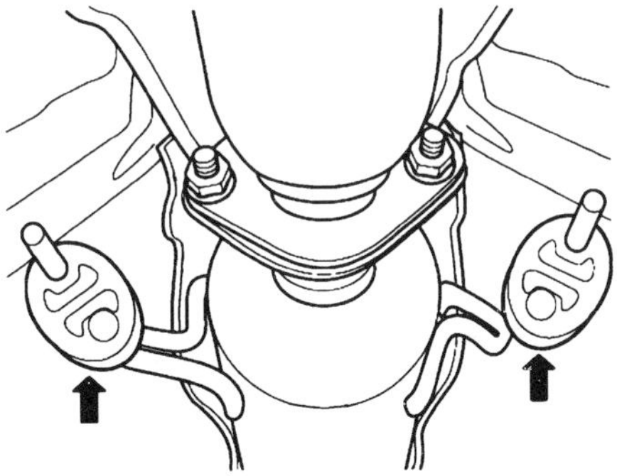 图13-9 前消声器总成上的橡胶支座
安装		
1	安装前消声器总成与三元催化净化器总成之间的排气管密封垫,参见图13-9	
2	安装并紧固前消声器总成与三元催化净化器总成固定螺母,力矩为52N·m	
3	安装前后消声器总成密封垫	
4	安装并紧固前后消声器总成固定螺母,力矩为52N·m	
5	安装前消声器两侧橡胶支座	
6	从举升机上降下车辆	
7	检查排气系统是否漏气	

(4) 后消声器的拆卸与更换

后消声器的拆卸与更换如表 13-3 所示。

表 13-3　后消声器的拆卸与更换

步骤	详情	图示
拆卸		
1	举升车辆,拆卸后消声器总成与前消声器总成的固定螺母及排气管密封垫,参见图 13-8	
2	拆卸如图 13-10 所示的后橡胶支座 1	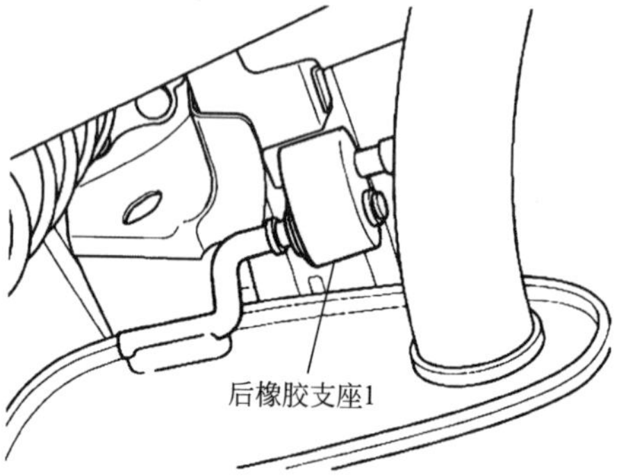 后橡胶支座1 图 13-10　后橡胶支座 1
3	拆卸如图 13-11 所示的后橡胶支座 2 卸下后消声器总成 检查后消声器是否有孔洞、损坏、裂缝	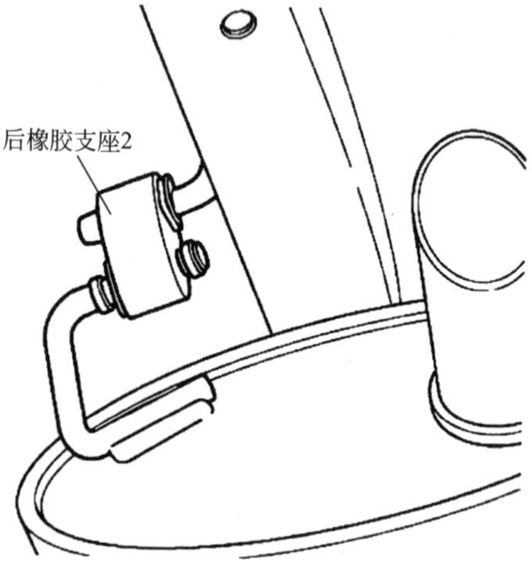 后橡胶支座2 图 13-11　后橡胶支座 2
安装		
1	安装后橡胶支座 1 和 2,参见图 13-10 和图 13-11	

第13章 发动机排气系统

续表

步骤	详情	图示
2	①安装排气管密封垫 ②安装前消声器总成与后消声器总成的固定螺母,如图13-12所示,力矩为52N·m ③从举升机上降下车辆 ④检查排气系统是否漏气	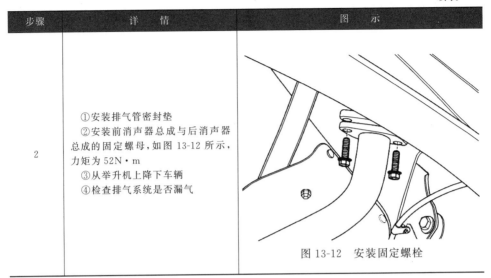 图13-12 安装固定螺栓

13.4 排气系统常见故障的排除

(1) 排气系统泄漏故障的排除

如果发动机在运转时发出"嘶嘶"的声音或者爆裂的声音,则需要检查是否存在排气系统泄漏故障,如表13-4所示。

表13-4 排气系统泄漏故障的排除

检查项目	应对策略
检查排气系统部件是否错位或安装是否错误	①定位并紧固排气系统部件至规定扭矩 ②确保排气管吊钩在正确的位置并且没有松动
检查下列连接处是否存在排气泄漏 ①排气歧管与三元催化净化器总成 ②法兰	紧固相关部件至规定扭矩
检查以下部位密封件或者衬垫是否泄漏 ①排气歧管与气缸盖 ②排气歧管与三元催化净化器总成 ③三元催化净化器总成与前消声器总成 ④前消声器总成与后消声器总成	更换泄漏的密封件或者衬垫
检查法兰连接处的接合面是否规则	必要时,修理或者更换相关部件
检查排气歧管是否存在开裂或断开	更换排气歧管
检查排气系统部件焊接连接处是否存在泄漏	更换泄漏的部件

(2) 排气系统噪声故障的排除流程

当发动机运行时排气声响大或发出不正常的声音时,需要检查是否存在排气系统堵塞故障,如表 13-5 所示。

表 13-5　排气系统噪声故障的排除

检查项目	应对策略
检查是否存在爆裂声或"嘶嘶"声	排气系统泄漏,参见表 13-4
检查排气声是否较大	①与已知状态良好的车辆比较 ②检查消声器总成是否损坏或出现故障。更换有故障的消声器总成 ③更换前后消声器
检查是否存在外部噪声或振动噪声	①检查吊钩是否弯曲或松动,隔热罩或紧固件是否松动 ②检查排气管是否产生干扰
检查是否存在内部噪声	①使用橡胶锤敲击这些部件,确认噪声 ②更换有故障的三元催化净化器总成或前后消声器总成